Das Leben ist ein Hering an der Wand

Jüdische Witze sind die besten, überraschendsten und trickreichsten von allen. Zu Recht erklärte sie einst ein Sammler zur »Krone des Witzes«. Und bis heute haben sie nichts von ihrem Glanz eingebüßt. Karl Julius Weber (1767–1832) erklärt die besondere Witzigkeit der Juden: »Noth lehrt den Verstand schärfen, der Schacher Verschlagenheit, und Druck, Verachtung und Misshandlung machen satyrisch und witzig.«

Peter Köhler, geboren 1957, lebt als Publizist in Göttingen. Zuletzt erschien bei Reclam Leipzig *Schöne Katastrophen. Schwarzer Humor von Ambrose Bierce bis Robert Gernhardt* (RBL 1742) und bei Reclam Stuttgart *Geh mir aus der Sonne! Anekdoten über Philosophen und andere Denker.*

Das Leben ist ein Hering an der Wand

Jüdische Witze

Herausgegeben von Peter Köhler

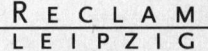

Besuchen Sie uns im Internet:
www.reclam.de

© Reclam Verlag Leipzig, 2003
Reclam Bibliothek Leipzig, Band 20050
1. Auflage, 2003
Reihengestaltung: Gabriele Burde│Kurt Blank-Markard
Umschlaggestaltung: Gabriele Burde unter Verwendung
einer Fotografie – © ZEFA/Westrich
Gesetzt aus Slimbach ITC und Rotis Sans Serif
Satz: Reclam Verlag Leipzig
Druck und Bindung: Reclam, Ditzingen
Printed in Germany
ISBN 3-379-20050-6

Inhalt

Köpfchen!

Zwei Juden treffen sich auf dem Bahnsteig. »Wohin fährst du?« »Ich fahre nach Krakau.« »Sieh her, was du für ein Lügner bist! Wenn du sagst, du fährst nach Krakau, willst du, ich soll denken, du fährst nach Lemberg. Nun weiß ich aber, du fährst wirklich nach Krakau. Also, warum lügst du?«

Auf einer Bahnfahrt spielen ein Offizier und ein Jude Rätselraten.
Der Offizier: »Was ist das: Das erste läuft, das zweite läuft, das Ganze ist eine Schlacht aus dem Spanischen Erbfolgekrieg.«
Der Jude weiß es nicht.
»Ganz einfach: Roßbach.«
Nun denkt sich der Jude ein Rätsel aus: »Was ist das: Das erste läuft, das zweite läuft, das dritte läuft nicht.«
Der Offizier weiß es nicht.
Der Jude: »Ganz einfach: Das sind die drei Kinder meines Schwagers.«

Ein Jude will am Bahnschalter in Wien eine Karte nach Pinczew lösen – da sieht er, wie ein eleganter Herr ebenfalls eine Karte nach Pinczew kauft. Verblüfft geht der Jude dem Herrn nach, der tatsächlich in denselben Zug wie er steigt. Also setzt er sich dem Herrn gegenüber und grübelt:
»Aus Pinczew ist er nicht, ich kenne alle dort. Also was will er dort? Hat er dort eine Braut? Aber wen? Die Tochter vom Simon Stern hat kürzlich geheiratet, und sonst … das ist nichts für ihn.
Vielleicht Geschäfte? Nein, momentan läuft rein gar nichts in Pinczew …

Ah, ich weiß! Der Mendel Karo, dieser Lump, will sich wieder einmal mit seinen Gläubigern ausgleichen, und das wird ihm diesmal ohne juristischen Beistand nicht gelingen. Demnach ist der Herr sein Rechtsanwalt … Aber ein Anwalt aus Wien kostet ein Vermögen … Ah, richtig! Da war doch ein Neffe von ihm, dessen Eltern früh gestorben sind. Der hat später in Wien die Rechte studiert. Der Karo hat derweil für ihn das Erbe verwaltet. Gott allein weiß, was er dabei für sich abgezweigt hat … Der Junge ahnt davon natürlich nichts, und so kommt er jetzt brav zu seinem lieben Onkel, um ihm aus der Patsche zu helfen …

Loewy hieß der Junge, ich weiß es noch genau … Aber hat er nicht Karriere gemacht? Hofrat soll er sogar geworden sein! Da ist er sicherlich längst getauft … Dann heißt er natürlich nicht mehr Loewy … Wie kann er jetzt heißen? Löwe vielleicht? Das klingt noch verdächtig. Vielleicht Löb? Auch zu ähnlich. Vielleicht Liebermann? Halt, ich hab's! Guten Tag, Herr Doktor Lehmann!«

»Guten Tag. Aber ich kenne Sie gar nicht. Woher wissen Sie meinen Namen?«

»Den habe ich mir ausgerechnet.«

»Was ist das: Es ist blau, hängt an der Wand und pfeift?« »Sag schon.« »Ein Hering.« »Aber ein Hering ist doch nicht blau.« »Nun, kannst ihn blau anmalen.« »Und ein Hering hängt doch nicht an der Wand.« »Nun, kannst ihn annageln.« »Und ein Hering pfeift auch nicht.« »Nun, pfeift er halt nicht.«

»Was ist das: Es hängt an der Wand und gibt jedem die Hand?« »Das Handtuch.« »Falsch! Ein Hering.« »Aber ein Hering hängt doch nicht an der Wand.« »Kannst ihn dort hinhängen.« »Und die Hände trocknet man sich auch nicht an ihm ab!« »Zwingen tut einen keiner, aber verboten ist es auch nicht.«

»David, ich schütte einen Eimer Wasser über dir aus, ohne dass du nass wirst.«
»Das geht doch gar nicht.«
»Wollen wir wetten?«
Moische nimmt einen Eimer Wasser und schüttet ihn über David aus. David: »Äh!! Hör auf! Wir haben doch gewettet, dass ich trocken bleibe!«
»Hab ich die Wette halt verloren.«

»Was ist eigentlich schneller: Ein Rennpferd oder eine Brieftaube?«
»Zu Fuß – ein Pferd.«

Zwei Juden auf einer Kreuzfahrt. »Pass auf: Unser Schiff ist hundert Meter lang und dreißig Meter breit. Wie alt ist folglich der Kapitän?«
»Gib mir eine Stunde Zeit.«
Nach einer Stunde: »Er ist genau fünfzig.«
»Wie hast du das ausgerechnet?«
»Ausgerechnet? Ich habe ihn gefragt!«

»Hier habe ich einen frankierten Briefumschlag. Den wirfst du ein, wenn du in Breslau angekommen bist. Du brauchst gar nichts zu schreiben! Wenn ich den Brief bekomme, weiß ich, du bist glücklich angekommen.«
»Gib mir lieber einen unfrankierten Briefumschlag. Dann erhältst du den Brief mit Strafporto, verweigerst die Annahme und weißt auch, dass ich glücklich angekommen bin!«

Briefträger in New York: »Ich habe hier ein Einschreiben für Calotti.«
Mieter (mit jiddischem Akzent): »Das bin ich.«
»Sie sind Calotti?!«

»Selbstverständlich. Sehe ich aus wie Calotti?«

»Nein.«

»Rede ich wie Calotti?«

»Nein.«

»Warum soll ich wie Calotti reden, wenn ich nicht wie Calotti aussehe? Geben Sie den Brief her!«

Der kleine Moritz geht mit seinem Vater im Wald spazieren. Er sieht einen Strauch mit Beeren und fragt: »Papa, was ist das?«

»Das sind Blaubeeren.«

»Aber Papa, sie sind rot!«

»Dummer Junge, natürlich! Weil sie noch grün sind!«

Vier Juden spielen Karten. Süß überlegt lange, was er ausspielen soll. Ihm gegenüber kiebitzt ein Freund, schaut den anderen in die Karten und deutet mit der Hand auf sein Herz. Süß spielt Herz aus und verliert. Erbost wendet er sich an den Freund: »Du hast mich reingelegt! Warum hast du mit der Hand auf dein Herz gedeutet?«

»Na, wie macht das Herz? Pik-pik-pik …«

Kaiserreich. Der Unteroffizier will den Rekruten beibringen, wie man die Honneurs [Ehrenbezeigungen] zu machen hat. »Wenn zum Beispiel die Hofequipage vorbeifährt, müsst ihr Front machen und stramm ›Habt Acht‹ stehen. Wir proben das jetzt. Stellt euch vor, ich bin die Hofequipage!«

Zweimal trabt der Unteroffizier an der Truppe vorbei. Alle nehmen Haltung an, nur Itzig Judassohn bleibt gelassen stehen.

»Judassohn!«, schreit der Unteroffizier, »warum machen Sie nicht Front?! Ich bin die Hofequipage!«

Judassohn ruhig: »Es sitzt keiner drin!«

Ein Jude und ein Christ haben einen Ehrenhandel, der durch ein amerikanisches Duell gesühnt werden muss: Die Duellanten müssen aus einer Urne eine weiße und eine schwarze Kugel ziehen; wer die schwarze zieht, muss gehen und sich erschießen. Der Jude zieht die schwarze Kugel und geht ins Nebenzimmer. Man hört einen Schuss - alle sind erschüttert. Da öffnet sich die Tür wieder, der Jude steht strahlend da und sagt: »Freut euch meines Glücks, ich habe daneben geschossen!«

»Jankl, warum heißen Nudeln im Deutschen eigentlich Nudeln?«
»Das ist doch ganz einfach: Sie sind weich wie Nudeln, sehen aus wie Nudeln und schmecken wie Nudeln – warum sollten sie also nicht Nudeln heißen?«

Ein armer Jude hat im Gasthaus zu Mittag gegessen. Als es ans Zahlen geht, verlangt der Wirt einen Rubel.
Da der Jude nicht mal eine Kopeke besitzt, fragt er: »Sagt mir, wie viel muss man bei euch vor Gericht bezahlen, wenn man jemandem eine Ohrfeige gibt?«
»Ich glaube, fünf Rubel …«
»Ausgezeichnet«, sagt der Jude. »Dann gebt mir eine Ohrfeige und die vier Rubel Wechselgeld.«

Was ist ein Perpetuum mobile? Ein Jude, der einem Schotten nachläuft, der ihm zehn Cents schuldet.

Ein Schofar ist ein Schofar

An hohen Feiertagen müssen die Gläubigen Eintritt in die Synagoge zahlen. Der Gottesdienst hat bereits begonnen – da stürzt ein Jude herbei und will hinein. Der Synagogendiener hält ihn fest: »Halt! Die Eintrittskarte!«

»Lassen Sie mich los!«, ruft der Jude. »Ich will gar nicht zum Gottesdienst! Ich muss nur meinem Schwager rasch was Geschäftliches mitteilen.«

Der Synagogendiener: »Was Geschäftliches mitteilen, das kennen wir – du Gauner willst beten!«

Blum und Katz wollen das Abendgebet verrichten, aber sie sind nur zu zweit. Zu den vorgeschriebenen zehn fehlen acht. Blum: »Lass uns noch mal richtig zählen! Ich und du sind zwei. Du und ich sind auch zwei. Ich für mich und du für dich sind ebenfalls zwei. Damit wären wir schon sechs. Wenn du jetzt dieselbe Rechnung aufmachst, sind wir sogar schon zwölf – also zwei zu viel.« Darauf Katz: »Wenn das so ist, können wir beide ja gehen ...«

Ein Jude besucht eine fremde Stadt und wundert sich, dass die Synagoge so klein ist: »Da geht doch niemals die ganze Gemeinde hinein!«

Der Synagogendiener: »Würde die ganze Gemeinde hineingehen, so würde sie natürlich nicht hineingehen. Aber da niemals die ganze Gemeinde hineingeht, geht die ganze Gemeinde spielend hinein.«

Trumpft ein Jude vor seinen Zuhörern auf: »Bei uns in Krakau ist eine Synagoge, die wurde vor dem Auszug der Juden aus Ägypten erbaut! Sie ist ein Weltwunder. Als die Polen Rabbi Saul zum König wählten, waren 50 000 polnische Fürsten anwesend – so ein Wunder ist unsere Synagoge.«
Fragt schüchtern ein Zuhörer: »Wie ist das möglich?«
»Gar nicht«, räumt der Erzähler ein, »aber umso größer ist das Wunder.«

Pinkus jammert in der Synagoge laut: »Gott, schenk mir zehn Mark, nur zehn Mark, damit ich meinen Kindern was zu essen kaufen kann!« Da greift ein reicher Jude neben Pinkus in seine Tasche: »Hier hast du zehn Mark – lenk ihn mir nicht mehr ab!«

Stoßgebet. »Großer Gott, hilf mir! Du erbarmst dich doch über ganz fremde Leute – warum nicht über mich?«

Während des Gottesdienstes erbleicht ein reicher Jude plötzlich: »Himmel, ich habe vergessen, Haus und Geschäft abzuschließen!« »Reg dich nicht auf«, beruhigt ihn sein Banknachbar, »wir sind doch alle hier.«

Kohn betet. Da kommt Löw an ihn heran und flüstert: »Herr Kohn! Pessach steht vor der Tür. Haben Sie sich schon mit Matzen eingedeckt?«
»Ruhe, ich bete!«
»Herr Kohn, ich hätte für Sie Matzen von allerbester Qualität!«
»Ruhe!«
»Aber Herr Kohn, solche Matzen bekommen Sie kein zweites Mal zu diesem Preis!«
Kohn zornig: »Ich scheiße auf Ihre Matzen!«

Zufällig hört das der Synagogendiener und stürmt zum Rabbi: »Stellen Sie sich vor, der Kohn scheißt auf Ihre Matzen!«

Der Rabbi, verwundert: »Komisch, mich stopfen sie!«

Der Kantor will seine Tochter verheiraten und bittet den Gemeinderat um drei Jahresgehälter Vorschuss. Der hält das für riskant – vielleicht stirbt der Kantor vorher!

»Lasst es drauf ankommen«, bittet der Kantor. »Vielleicht habt ihr Glück, und ich lebe dann noch. Und sollte ich wirklich in den nächsten drei Jahren sterben – nun, dann habe eben ich Glück gehabt.«

Der Rabbiner ärgert sich, weil viele Gläubige die Synagoge ohne Käppi betreten. Er heftet einen Zettel an den Eingang: »Das Betreten der Synagoge ohne Kopfbedeckung ist strengstens verboten und kommt einem Ehebruch gleich!«

Schon am nächsten Tag steht darunter: »Habe beides ausprobiert – kein Vergleich!«

In einer Gemeinde streitet man sich seit Jahren, ob man bei dem Lied »Lecha Dodi«, mit dem der Sabbat begrüßt wird, sitzen bleiben darf oder aufstehen muss. Die eine Gruppe meint, bei dem Lied dürfe man sitzen bleiben, da es sich nicht um ein Gebet, sondern bloß um ein Begrüßungslied handele – die andere Gruppe dagegen behauptet, bei dem Lied müsse man aufstehen, weil es sich zweifellos um ein Gebet handele. So kommt es, dass die Stehenden jedes Mal die Sitzenden lautstark auffordern, sich zu erheben, und die Sitzenden genauso lautstark die Stehenden auffordern, sich hinzusetzen.

Eines Tages ist es der Rabbi leid und beschließt, die Sache endgültig zu klären. Er besucht den ehemaligen, inzwischen 95-jährigen Kantor im nahen Altersheim und fragt ihn, wie die Gemeinde das früher praktiziert hat. Zur Sicherheit hat er je einen Vertreter der beiden streitenden Parteien mitgenommen.

Zuerst wendet sich der Vertreter der Stehenden an den alten Mann: »Verehrter Kantor, ist es nicht Tradition, dass die Gemeinde beim ›Lecha Dodi‹ aufzustehen hat?«

Der Alte denkt eine Weile nach, dann sagt er mit ruhiger Stimme: »Nein, das ist nicht Tradition.«

Triumphierend wendet sich jetzt der Vertreter der Sitzenden an den alten Kantor: »Also ist es Tradition, dass man beim ›Lecha Dodi‹ sitzen bleibt?«

»Nein, soweit ich mich erinnern kann, ist auch das nicht Tradition«, antwortet der Alte.

Jetzt greift der Rabbi ein: »Lieber hochverehrter Kantor, bitte entscheiden Sie sich! Es muss hier doch eine Tradition geben! Helfen Sie mir. Sie können sich überhaupt nicht vorstellen, was bei uns jeden Sabbat in der Synagoge los ist: Die Stehenden beschimpfen die Sitzenden, und die Sitzenden beschimpfen wiederum die Stehenden!«

Da hellt sich das Gesicht des alten Mannes auf: »Ja, jetzt fällt es mir wieder ein: Genau das ist die Tradition. Die Stehenden beschimpfen die Sitzenden, und die Sitzenden beschimpfen die Stehenden!«

Aus einer Synagoge ist ein Schofar gestohlen worden, jenes eigentümliche Horn, das am jüdischen Neujahr geblasen wird. Die Sache kommt vor Gericht, und der Richter vernimmt den Synagogendiener. »Also, was den Gegenstand selbst betrifft: Was ist das eigentlich, ein Schofar?« »Ein Schofar – ist – ein Schofar.« »Das sollen Sie uns eben genauer erklären.« »Nun, was soll es sein? – Ein Schofar.« »Nehmen Sie Ihren Verstand zusammen und drücken Sie sich korrekt aus!« »Ein Schofar ist – eine Trompete.« »Na also! Warum haben Sie das nicht gleich gesagt?« »Nun, Herr Richter, ist ein Schofar denn eine Trompete?«

Kommt ein Jude zu seinem Schneider: »Kannst du mir einen ganz engen Anzug machen? Nicht eine einzige Falte und vorn so, dass man die Genitalien als Abdruck sieht?« »Natürlich«, antwortet der Schneider. »Ich mache dir einen Anzug, vorne so eng, dass man deine Konfession sieht!«

Ein Fremder kommt in die Gemeinde. Er geht in die Synagoge, nimmt sich ein Buch und setzt sich auf die letzte Bank, um zu lernen. Das tut er mehrere Tage hintereinander. Einmal, als die Männer die Thora studieren, zeigt es sich, dass er ein gelehrter Mann ist. Doch als man ihn bittet, auf der Ehrenbank Platz zu nehmen, besteht er darauf, im hintersten Winkel zu bleiben: ein bescheidener Mann.

Einmal kommt der Rabbi ins Bethaus und sagt: »Ich habe gehört, dass hier ein fremder Jude betet, ein sehr bescheidener. Ich möchte ihn sehen.«

Da steht der Jude auf und ruft: »Rabbi, der Bescheidene bin ich.«

Ein Jude bekommt von einem kräftigen Bauern eine Ohrfeige. Er ist zu schwach, um sich zu prügeln. Stattdessen gibt er dem Bauern einen Rubel und sagt: »Ich danke dir! Du hast mir geholfen, ein religiöses Gebot zu erfüllen. Bei uns Juden ist es nämlich Sitte, dass wir uns an unseren Festtagen gegen Bezahlung ohrfeigen lassen. Der reiche Reb Opatow zahlt sogar hundert Rubel dafür!«

Der Bauer lässt sich das nicht zweimal sagen, dringt beim reichen Opatow ein und ohrfeigt ihn. Die kräftigen Diener Opatows verprügeln den Bauern nach Strich und Faden und werfen ihn hinaus.

»Na, wie war's?«, fragt ihn der Jude draußen scheinheilig.

Der Bauer reibt sich die Gliedmaßen und sagt: »Du hast mich in das Haus eines Juden geschickt, der die religiösen Gebote nicht einhält!«

Cohen geht ausgerechnet am Jom Kippur, dem höchsten jüdischen Feiertag, zum Golfspielen. Ein Engel protestiert bei Gott: »Herr! Das darf er nicht! Du musst ihn bestrafen!« »Keine Sorge«, sagt Gott, »er wird seine Strafe erhalten.« Cohen holt aus und – setzt den Ball mit einem Schlag ins Loch. Hole-in-one! Der Engel entsetzt: »Herr, hast du das gesehen?! Wo bleibt denn da die Strafe?« Gott: »Wem kann er es denn erzählen?«

Moisches fünfzigster Geburtstag steht bevor. Sein ganzes Leben lang hat Moische Gottes Gebote befolgt. Er trägt den vorgeschriebenen Bart, die langen Schläfenlocken, den schwarzen Mantel und den Hut, verrichtet jeden Tag seine Gebete und geht regelmäßig in die Synagoge.

An seinem fünfzigsten Geburtstag will er endlich einmal die Welt so erleben wie alle anderen Menschen. Ein einziges Mal will er die Straße entlanggehen, ohne angestarrt zu werden. Also kauft er sich einen sportlichen Anzug, rasiert den Bart ab und ersteht eine Mütze, unter der er die Schläfenlocken verstecken kann.

Am Morgen seines Geburtstages zieht er die neuen Sachen an, betrachtet sich im Spiegel und verlässt das Haus für einen kleinen Spaziergang. Er hat noch keine drei Schritte gemacht, als ein Bus um die Ecke braust und ihn überfährt.

Er kommt direkt in den Himmel und zu Gott. Er ist wütend. »Gott«, sagt er, »wie konntest du mir das antun? Mein ganzes Leben lang habe ich deine Gebote befolgt. Mein ganzes Leben lang habe ich täglich zu dir gebetet. Ein einziges Mal will ich einen kleinen Spaziergang machen, und du tust mir das an. Wie konntest du nur?«

Gott scheint einen Moment verwirrt. Dann hellt sich sein Gesicht auf: »Moische! Du bist's!«

Drei Juden unterhalten sich über den Tod. Der erste: »Wenn ich sterbe, möchte ich neben dem berühmten Talmudisten Saul Baruch begraben werden.« Der zweite: »Mir genügt es schon, wenn ich neben unserem seligen Rabbiner ruhen darf.« »Und ich«, sagt der dritte, »möchte neben der schönen Sarah Rosenblum liegen.« »Aber die ist doch nicht tot!«, rufen die andern beiden entsetzt.
Der dritte: »Ich auch nicht!«

In der Synagoge bricht ein Jude plötzlich tot hinter seinem Gebetpult zusammen. Man muss die Witwe benachrichtigen. Der Synagogendiener wird beauftragt, es ihr schonend beizubringen.
Er klopft an die Tür. Es wird geöffnet.
»Wohnt hier die Witwe Lea Rabinowitz?«
»Ich bin Lea Rabinowitz, und ich wohne hier. Aber ich bin nicht Witwe.«
»Wetten, dass?!«

Der alte Mendel Dalles liegt im Sterben und nimmt Abschied von seinen Kindern, die sich um sein Bett versammelt haben: »Kinder, mein ganzes Leben hab ich gedarbt und gespart und mir nicht das kleinste Vergnügen gegönnt. Ich hab mich immer getröstet und mir gesagt: In jener Welt drüben werd ich dafür reine Freude erleben. Lachen tät ich, wenn drüben auch nichts wär!«

Ein Jude besucht mit seinem kleinen Sohn den Friedhof, und der Junge liest, was auf den Grabsteinen steht: Hier ist begraben der gerechte Soundso, hier liegt der fromme Soundso, hier ruht der weise Soundso – so weit das Auge blickt, Rechtschaffene und Gottesfürchtige. Schließlich fragt der Junge: »Sag, Vater, sterben Gauner gar nicht?«

»Ich trete aus der Gemeinde aus!«
»So?! Und wenn Sie einmal sterben, wird keiner da sein, der Sie beerdigt!«
»Ich verlass mich aufs Stinken.«

Zwei Juden treffen sich auf der Straße. »Ich habe gehört, dass du dich neuerdings für den Messias hältst?!« »Was heißt hältst? Ich bin der Messias!« »So? Woher weißt du das?« »Das hat mir Gott gesagt!« »Ich? Unsinn!«

»Ich glaub an gar nichts! Ich gehe nicht in die Synagoge, ich tue, was ich will, ich arbeite am Sabbat … Nur am Jom Kippur, da faste ich natürlich.« »Ich denke, du glaubst nicht an Gott?« »Na ja, ich könnte mich irren.«

In einem Zugabteil sitzt ein frommer Jude mit Bart und Schläfenlocken drei jungen freidenkerischen Juden gegenüber, die ihn wegen seiner Frömmigkeit verspotten.
»Ich will euch drei Geschichten erzählen«, sagt nach einer Weile der fromme Jude, »damit ihr versteht, warum ihr trotz eurer Frechheit die besten und schönsten Menschen auf der Welt seid! –
Neun Juden warten neben der Synagoge ungeduldig auf einen zehnten Juden für den Gottesdienst. Sie schauen hierhin und dorthin – endlich erblicken sie von weitem einen Menschen. Ist es ein Jude oder ein Goj? Und – dem Herrn sei Lob und Dank! – es ist ein Jude! Was kann es Schöneres geben als einen Juden?!
Es ist Freitagnacht vor dem Schlafengehen. Man muss das Licht auslöschen, und es ist kein Goj da. Bekanntlich dürfen Juden am Sabbat, der am Vorabend beginnt, weder Feuer anfachen noch löschen. Man schaut durch das Fenster hinaus – und sieht von weitem einen Menschen. Ist es ein Goj oder ein Jude? Dem Herrn sei Lob und Dank – es ist ein Goj! Was kann es Schöneres geben als einen Goj?!

Ein junger Jude will vom Militärdienst befreit werden. Der Arzt untersucht ihn von Kopf bis Fuß – aber der Jüngling ist stark und gesund wie ein Baum. Der Jude ist verzweifelt. Plötzlich entdeckt der Arzt bei ihm einen krankhaften Auswurf. Dem Herrn sei Lob und Dank für den Auswurf! Was kann es Schöneres geben als einen Auswurf?!

Und hier, liebe Brüder, habt ihr die Moral aus diesen drei Geschichten: Ihr seid Juden und Gojim und Auswurf zugleich!«

Meine Codenummer ist 386-Dh-572

»Wie geht's?«

»Nun, wie kann's einem Juden schon gehen?«

»Wie laufen die Geschäfte?«

»Nun, wie können die Geschäfte eines Juden schon laufen?«

»Hast du eine Wohnung gefunden?«

»Nun, meinst du, in einer so großen Stadt findet man keine Wohnung?«

»Sag mal, wie kommt es, dass ein Jude auf jede Frage mit einer Gegenfrage antwortet?«

»Nun, warum soll ein Jude auf eine Frage nicht mit einer Gegenfrage antworten?«

»Frau, könntest du mir nicht mal eins von diesen Omeletts machen, von denen die Reichen so schwärmen? Wenigstens einmal im Leben möchte ich so eins essen.«

»Wir haben keine Eier.«

»Na und? Wer sagt, dass man ein Omelett nicht auch ohne Eier machen kann?«

»Butter haben wir auch nicht.«

»Ist auch gar nicht nötig.«

»Wir haben nicht mal eine Pfanne.«

»Aber einen warmen Ofen!«

Die Frau vermengt also etwas Mehl mit Wasser, schöpft den Teig auf die Ofenplatte und bäckt einen Fladen, der unten anbrennt und oben roh ist. Der Mann bricht sich ein Stück davon ab, probiert, überlegt eine Weile und sagt dann: »Ich weiß wirklich nicht, was die Reichen daran so köstlich finden!«

In einem jüdischen Städtchen im Osten tutet der Nachtwächter Mitternacht. Dann zieht er sich, wie jede Nacht, in einen dunklen Winkel zurück, lehnt seine Hellebarde an die Wand, legt das Horn weg, löscht seine Lampe, drückt sich in die Mauerecke und döst vor sich hin. Als er einmal blinzelt, sieht er einen Lichtschein. Er schließt wieder die Augen und überlegt: »Sollte es meine Lampe sein? Nein, ich habe sie gelöscht. Sollte es die Laterne auf dem Marktplatz sein? Nein, sie wird um elf gelöscht. Sollte es der Mond sein? Nein, wir haben Neumond. Sollte es ein Stern sein?« Er berührt den Boden mit der Hand. »Nein, es regnet, also ist der Himmel bedeckt ... Feuer!«

Der reichste Mann des Schtetls ist Analphabet. Seine Briefe lässt er sich gratis vom armen Lehrer schreiben. »Du Dummkopf«, sagt ein Freund zu dem Lehrer, »wenn er dir nichts zahlt, wozu schreibst du dann?!« »Und wenn ich nicht schreibe – meinst du, dass er mir dann was zahlt?«

Zwei arme Juden gehen an einer pompösen Villa vorbei. Ruft der eine: »Eine solche Villa wünsche ich mir!« Der andere: »Dann wirst du mir sicher ein Zimmer in deiner Villa überlassen!« Der erste: »Warum sollte ich? Du kannst dir doch selber so eine Villa wünschen!«

Ein Jude fährt mit der Bahn. Er ist allein, deshalb macht er es sich bequem und legt die Füße auf die Sitze gegenüber. Da steigt ein eleganter Herr zu. Sofort zieht der Jude die Füße zurück und setzt sich ordentlich hin. Nach einer Weile fragt der Fremde den Juden: »Bitte, wann haben wir eigentlich Jom Kippur?«
»Ach so«, brummt der Jude und legt die Füße wieder auf die Sitze.

»Treppengeländer«, stellt sich ein Herr vor. »Wie?« »Treppengeländer.« »Wie!?« »Treppengeländer!« »Sie werden lachen, was ich verstanden habe – Treppengeländer!«

1910. In einem vornehmen Klub wird die Gästeliste für ein Galaessen zusammengestellt. Der Vorsitzende: »Und dann hätten wir da Fürst Löwenstein-Wertheim-Freudenthal.« »Um Gottes willen!«, schreit ein Klubmitglied entsetzt, »gleich vier Juden auf einmal!«

Volkszählung in Polen, um 1960. Ein Mann geht aufs Einwohnermeldeamt, um das Formular auszufüllen. Beim Stichwort »Nationalität« zögert er kurz und trägt dann »Jude« ein.
Der Beamte schimpft: »Warum schreiben Sie Jude und nicht Pole? Sie wohnen doch in Polen und haben die polnische Staatsangehörigkeit!«
»So einfach ist das nicht«, erwidert der Mann. »Ich will es Ihnen erklären: Mein Vater und meine Mutter haben ihr Leben lang in Berlin gewohnt, sind also Deutsche. Ein Bruder von mir lebt in Moskau und ist folglich Russe, ein anderer wohnt in Budapest und ist Ungar. Außerdem habe ich eine Schwester in Paris, die also Französin ist, und eine in London, die selbstverständlich Engländerin ist. Einer meiner Onkel lebt in Antwerpen, das heißt, er ist Belgier, und ein anderer wohnt in New York und ist Amerikaner. Deshalb habe ich mir gesagt: In einer so großen Familie fehlt eigentlich nur ein Jude.«

Eine Party im Jahr 2070. Ein Mann kommt mit einer Frau ins Gespräch. Er stellt sich vor: »Meine Codenummer ist 147-Xb-628.« Darauf die Frau: »Meine Codenummer ist 386-Dh-572.« Der Mann: »Was?! Ich wusste gar nicht, dass Sie jüdisch sind!«

Religionsunterricht. Lehrer: »Moritz, erzähl uns nun, wie es dem Volk Israel nach der Rückkehr aus der Verbannung ging!« Moritz: »Danke, Herr Lehrer, gut.«

Psalmen stopfen doch!

Ein Jude kommt zum Rabbiner: »In meinem Hühnerstall ist eine Seuche ausgebrochen. Was soll ich tun?« Der Rabbi denkt kurz nach und gibt dem Mann einen Ratschlag.
Nach einer Woche kommt der Jude erneut: »Rabbi, Euer Rat hat nicht geholfen. Die Seuche wütet weiter! Was soll ich tun?«
Der Rabbi denkt diesmal lange nach und erteilt einen neuen Ratschlag.
Doch nach wenigen Tagen ist der Jude wieder da: »Rabbi, auch Euer zweiter Rat hat nicht geholfen. Die Seuche grassiert noch immer!«
Darauf der Rabbi: »Ratschläge habe ich noch genug. Aber hast du noch genug Hühner?«

Ein armer Jude kommt zum Rabbi und bittet um einen Rat: »Weiser Rabbi, ich habe nur noch einen Hahn und eine Henne. Eines von beiden Tieren muss ich schlachten. Schlachte ich den Hahn, grämt sich aber die Henne. Schlachte ich die Henne, grämt sich der Hahn. Was soll ich tun?« »Das ist ein schwieriger Fall«, sagt der Rabbi, »komm morgen wieder.«
Am nächsten Tag erneuert der Jude seine Frage und erhält den Bescheid: »Schlacht die Henne.« »Aber Rabbi, dann grämt sich der Hahn!«
»Nun, soll er sich grämen.«

Eine Frau kommt zum Rabbi, weil ihr Kind unstillbaren Durchfall hat. »Geh nach Hause und sprich Psalmen«, rät der Rabbi, »dann wird das Kind geheilt sein.«

Nach einer Woche kommt die Frau wieder. »Rabbi, das Kind ist schon wieder krank. Es hat seit drei Tagen keinen Stuhlgang!«
Der Rabbi: »Nun, gute Frau, Gebete wirken Wunder. Geh nach Hause und sprich Psalmen.«
Darauf die Frau: »Aber Rabbi! Psalmen stopfen doch!«

Ein Mann kommt zum Rabbi: »Ich habe einen Freund, der eine schwere Sünde begangen hat. Aber er schämt sich, selbst zu Ihnen zu kommen. Deshalb hat er mich gebeten, damit ich von Ihnen, Rabbi, eine Buße für seine Sünden erbitte.«
Der Rabbi durchschaut den Mann und sagt: »Ich verstehe deinen Freund nicht. Er hätte doch selber zu mir kommen und sagen können, ein Freund von ihm hätte gesündigt und ihn zu mir geschickt.«

Ein Jude wird erwischt, der am Jom Kippur das Fastengebot gebrochen hat. Der Rabbiner zitiert ihn zu sich und schreit rot vor Zorn: »Ein Sünder wie du kann über die ganze Gemeinde Unglück bringen!«
»Und wie wäre das, Rabbi, wenn ich am Jom Kippur schwer krank wäre?«
»Wenn du schwer krank wärst, dürftest du natürlich essen.«
»Das heißt also, dass ich zwar essen darf, Euch verdrießt nur, dass ich nicht schwer krank bin?! Schämt Euch, Rabbi, in Euren Hals hinein!«

Ein armer Jude findet eine Geldbörse mit 700 Mark. Im Gemeindezentrum liest er einen Anschlag, dass ein reicher Glaubensgenosse seine Geldbörse verloren hat und dem Finder fünfzig Mark zahlt. Der arme Jude bringt ihm die Börse. Der Reiche zählt das Geld nach und sagt: »Wie ich sehe, hast du dir den Finderlohn bereits genommen. In dieser Geldbörse waren 750 Mark, als ich sie verloren habe. Jetzt sind nur 700 drin!«

Die Sache kommt vor den Rabbi. Beide tragen ihre Sicht der Dinge vor, zuerst der arme Jude, dann der reiche, der mit den Worten schließt: »Rabbi, ich vertraue darauf, dass Sie mir glauben.«

»Ich glaube Ihnen«, sagt der Rabbi – und gibt die Geldbörse dem armen Juden.

»Was tun Sie da?!«, schreit der Reiche.

Der Rabbi: »Das tue ich, weil ich Ihnen glaube, dass in Ihrer Geldbörse 750 Mark waren. Aber wenn der arme Jude ein Dieb und Lügner wäre, hätte er die Geldbörse nicht erst zurückgegeben. Also muss ich auch ihm glauben. Deshalb behält er die Geldbörse mit den 700 Mark, und Sie warten, bis jemand Ihre Geldbörse mit den 750 Mark findet.«

Ein Handelsreisender kommt in ein galizisches Städtchen und will abends ins Bordell, weiß aber nicht, wo es sich befindet. Also spricht er einen Passanten an: »Können Sie mir sagen, wo hier der Rabbi wohnt?«

»Der Rabbi? Da gehen Sie hier die Straße runter und dann die zweite rechts.«

»Wie?! Dort ist doch der Puff!«

»Aber nein! Der Puff ist doch hier die Straße rauf und dann die erste links!«

Der Rabbi ist in ganz Osteuropa wegen seiner Weisheit berühmt. Wo er auch hinkommt, wird er mit Ehren überhäuft. Als er eines Tages wieder auf Reisen ist, sagt sein Kutscher: »Rebbe, ich bewundere Euch, aber ich beneide Euch auch. Könnte ich nur einmal an Eurer Stelle sein und die Ehrerbietung genießen, die die Leute Euch entgegenbringen.«

»Nun«, sagt der Rabbi, »wir könnten dich für mich ausgeben. Aber es wird nicht gehen: Was willst du tun, wenn man dich bittet, eine schwierige talmudische Frage zu beantworten?«

»Das lasst nur meine Sorge sein«, entgegnet der Kutscher.

Der Rabbi ist einverstanden, sie wechseln die Kleider. Als sie in der Stadt ankommen, wird der falsche Rabbi gebührend empfangen und bewirtet. Schließlich führt man ihn in die Synagoge, und die Talmudgelehrten der Stadt bitten ihn, ein kompliziertes philosophisches Problem zu lösen, an dem sie sich vergeblich abgemüht hatten.

»Was?«, gibt der falsche Rabbi zur Antwort, »so eine simple Frage stellt ihr einem berühmten Rabbi wie mir? Die kann euch sogar mein Kutscher beantworten. Kutscher, komm mal her!«

Der Rabbi sitzt regungslos, den Blick in eine imaginäre Ferne gerichtet. Die Jünger tuscheln: »Was ist los?« Einer flüsternd: »Sch, der Rebbe denkt nach!« Man fragt respektvoll, worüber er nachdenkt. Der Rabbi, sehr feierlich: »Ich habe soeben darüber nachgedacht: Wenn man alle Bäume nähme, die in der Welt sind, und machte daraus einen einzigen Baum; und wenn man alles Wasser nähme, das in der Welt ist, und machte daraus ein einziges Wasser; und wenn man alle Äxte nähme, die in der Welt sind, und machte daraus eine einzige Axt; und wenn man dann den Baum, der gemacht ist aus allen Bäumen, fällen würde mit der Axt, die aus allen Äxten gemacht ist, so dass er fiele in das Wasser, das aus allem Wasser gemacht ist – oj, das gäbe einen Platsch!«

Der Rabbi aus Berditschew besucht in Moskau zum ersten Mal in seinem Leben einen Zoo. Vor einer Giraffe bleibt er lange stehen, betrachtet das Tier von oben bis unten und erklärt schließlich mit Entschiedenheit: »Das kann nicht sein!«

Drei Juden aus verschiedenen Gemeinden prahlen mit ihren Rabbis. Erzählt der erste: »Mein Rabbi kam nach Paris, ohne sich anzukündigen, aber der französische Präsident holte ihn persönlich vom Flughafen ab und gab ihm zu Ehren einen diplomatischen Empfang.«

Der zweite: »Das ist gar nichts. Als mein Rabbi nach London kam, chauffierte ihn die Königin persönlich in den Buckingham-Palast, wo man ihn zwei Tage lang feierte und mit dem höchsten Orden des Britischen Empire auszeichnete.«

Der dritte hat dafür nur ein mildes Lächeln übrig. »Mein Rabbi weilte vor kurzem in Rom. Als er mit dem Papst auf den Petersplatz hinaustrat, befand sich auch der italienische Staatspräsident unter den zahlreichen Gläubigen. Der Präsident verneigte sich ehrfürchtig und fragte unseren Rabbi leise: ›Rebbe, wer ist denn dieser Goj neben dir?‹«

Eine Jüdin, deren Mann eben gestorben ist, kommt zum Rabbi und bittet den Wundermann, ihren Gatten wieder zum Leben zu erwecken.

Der Rabbi kommt und setzt sich neben den Toten. Er nimmt seine Hand und blickt ihm ins Gesicht. Dann sagt er zu der Frau: »Bring mir von dem Wodka, den du immer dahast!«

Sie bringt ihm die Flasche, er schenkt sich ein Gläschen ein, schaut den Toten an und sagt: »Du sollst leben!« Dann trinkt er.

Der Tote rührt sich nicht. Der Rabbi: »Der Wodka ist zu schwach. Hast du nicht einen stärkeren?«

Die Frau geht weg und holt eine zweite Flasche. Der Rabbi schenkt sich ein Glas ein und sagt: »Du sollst leben!« Dann trinkt er.

Der Tote rührt sich nicht. Der Rabbi reibt sich die Nase: »Ich erinnere mich, zu Pessach vor ein paar Jahren, da habt ihr einen ganz starken Wodka gehabt, einen mit sechzig Prozent. Hast du noch von dem?«

Die Frau geht hinaus und kommt mit der bewussten Wodkaflasche wieder. Der Rabbi schenkt sich ein großes Wasserglas voll, schaut ernst den Toten an, riecht am Wodka und sagt: »Du sollst leben!« Und trinkt in einem Zug das Wasserglas mit dem wunderbaren Wodka aus. Dann guckt er nach

dem Toten, aber der rührt sich nicht. Da steht der Rabbi auf, schüttelt den Kopf und sagt:
»Das nenne ich tot!«

Zwei chassidische Jünger streiten sich, welcher ihrer Rabbis der größte ist. Der erste:»Ich will euch ein Wunder von meinem Rabbi erzählen. Wir waren in einer offenen Kutsche unterwegs, als es stark zu regnen begann. Die Leute jammerten, aber der Rabbi breitete die Arme aus, murmelte ein Gebet – und was soll ich euch sagen: Es regnete links von der Kutsche, es regnete rechts von der Kutsche, und in der Mitte, wo die Kutsche fuhr, blieb alles trocken!«
»Das ist nichts gegen das, was ich mit meinem Rabbi erlebt habe«, sagt ein anderer. »Wir fuhren mit dem Zug, und die Strecke war durch Schneewehen blockiert. Es war schon später Freitagnachmittag, und da ein gläubiger Jude am Sabbat nicht mit dem Zug fahren darf, machten wir uns große Sorgen. Als der Zug mitten in der Nacht wieder anfuhr, jammerten wir alle. Da breitete der Rabbi seine Arme aus, murmelte ein Gebet – und was soll ich euch sagen: Links war Sabbat, rechts war Sabbat, und in der Mitte fuhr der Zug!«

Eine neuere Variante.
Ein Wettstreit über den wundertätigsten Rabbi ist entbrannt.
Erster Jude:»Bei uns war eine große Feuersbrunst. Da ist der Rabbi aufs Dach der Synagoge gestiegen und hat gesagt: ›Feuer hin, Feuer her‹ – und das Feuer war weg!«
Der zweite:»Bei uns war ein Hochwasser. Da ist der Rabbi aufs Dach der Synagoge gestiegen und hat gesagt: ›Wasser hin, Wasser her‹ – und das Wasser war weg!«
Der dritte:»Unser Rabbi hat am Sabbat gehört, dass die Kurse an der Börse gefallen sind. Da hat er gesagt: ›Sabbat hin, Sabbat her‹ – und ist nach New York geflogen!«

Ein Chassid erzählt von den Wundertaten seines Rabbis. »Eines Freitagabends brachte mein Rabbi unerwartet drei Gäste mit nach Hause. Seine Frau war entsetzt, weil sie nur einen einzigen, winzigen Fisch hatte, der kaum für sie beide gereicht hätte, geschweige denn für alle fünf. Der Rabbi aber sagte seelenruhig: ›Geh nur in die Küche und schau nach …‹ Und tatsächlich: Der eine Fisch hatte sich in fünf verwandelt!«

»Das ist alles?«, versetzt ein anderer. »Mein Rabbi saß mit seiner Frau beim Kartenspiel. Seine Frau legte vier Asse auf den Tisch und sagte: ›Du hast verloren.‹ Aber da deckte mein Rabbi seine Karten auf und blätterte fünf Könige hin.«

»Fünf Könige?! Es gibt doch nur vier!«

»Lass du von deinen Fischen nach, dann lass ich von meinen Königen nach.«

Ein Chassid kommt mit seiner stummen Tochter zum Wunderrabbi und bittet ihn, sie reden zu machen.

»Wie heißt das Mädchen?«, fragt der Rabbi.

»Lea.«

Der Wunderrabbi nimmt ein Glas Wasser, segnet es, reicht es der Stummen an die Lippen und schreit: »Lea, ich erteile dir den Befehl zu reden!«

Das Mädchen schweigt.

Der Rabbi: »Lea, ich erteile dir den Befehl, sofort und auf der Stelle zu reden!«

Das Mädchen schweigt.

Da wird der Rabbi böse: »Da du dich versteifst und mir nicht folgst, sollst du stumm bleiben bis zu deinem Tod!«

Und so kam es. Die Widerspenstige ist stumm gestorben.

Ein Wunderrabbi und sein Gehilfe kommen von einer offenkundig beschwerlichen Fahrt heim, und der Gehilfe erzählt den versammelten Chassidim das neueste Wunder ihres Rabbis: »Als wir durch ein fremdes Dorf fuhren, liefen die

Bauernburschen herbei und wollten mit Steinen nach uns werfen. Aber unser Rebbe redete so wundersam auf sie ein, dass die Burschen wie versteinert dastanden und kein Glied rühren konnten!«

Meldet sich ein Zuhörer zu Wort: »Wie kommt es dann, dass der Rebbe eine Platzwunde am Kopf hat?«

Der Gehilfe: »Einer der Burschen war leider taub!«

Der Religionslehrer will dem kleinen Moritz den Begriff des Wunders klar machen: »Stell dir vor, Moritz, einer fällt vom Turm herunter und bleibt heil: Was ist das?«

»Zufall.«

»Du verstehst nicht«, sagt der Lehrer, »also stell dir vor, der Mann klettert nochmals hinauf, fällt runter – und bleibt wieder heil! Was ist das dann?«

»Glück!«

Der Lehrer: »Das meine ich nicht. Nun stell dir vor, er klettert ein drittes Mal hinauf, fällt runter und bleibt wieder heil. Na, was ist das jetzt?«

»Gewohnheit!«

Drei Juden streiten, welcher ihrer Rabbiner der liberalste ist. Der erste: »Unser Rabbi fährt am Sabbat mit dem Auto zur Synagoge.« Der zweite: »Unsrer isst am Jom Kippur vor versammelter Gemeinde ein Schinkenbrot!« Der dritte übertrumpft sie: »Unser Rabbi hängt am Jom Kippur ein Schild an die Synagogentür: Wegen Feiertag geschlossen!«

Ein Jude kommt zum orthodoxen Rabbiner und bittet ihn, eine Broche, also einen Segen über seinen Ferrari zu sprechen. Der orthodoxe Rabbiner: »Eine Broche kann ich für dich schon sprechen, aber was ist ein Ferrari?« »Das ist ein modernes Auto mit zwölf Zylindern.« »Wozu braucht ein Auto zwölf Kopfbedeckungen? Mit solchem Teufelszeug will ich nichts zu tun haben!«

Daraufhin geht der Jude zu einem Reformrabbi und bittet ihn, eine Broche über seinen Ferrari zu sprechen. Der Reformrabbi: »Gern! Bloß, was ist eine Broche?«

Ein Jude betritt eine Buchhandlung: »Ich hätte gern eine schöne Talmudausgabe.« »Tut mir Leid«, erwidert die Verkäuferin, »im Moment habe ich keine da, aber ich könnte eine für sie bestellen. In etwa zwei Wochen wäre sie da.« »Nein, das ist zu spät. Es sollte ein Weihnachtsgeschenk sein.«

Der Rabbi, ein beispielhaft frommer Mann, ist gestorben und ins Paradies gekommen. Am ersten Tag wird ihm eine Büchse Tunfisch mit Brot serviert. Er ist etwas überrascht über das frugale Mahl, aber dann verspeist er es. Während des Essens wirft er beiläufig einen Blick hinunter in den anderen Sektor und stellt verwundert fest, dass den Verdammten dort Pasteten, Gemüseaufläufe, duftende Braten und andere Köstlichkeiten aufgetischt werden.
Aber der Rabbi verkneift sich jeden Kommentar. Am nächsten Tag wird ihm wieder eine Büchse Tunfisch mit Brot aufgetischt. Während er die karge Mahlzeit zu sich nimmt, wandert sein Blick erneut in den anderen Sektor hinunter: Dort gibt es zur Abwechslung gefüllte Omeletts, Gulasch, Lammkeulen und vieles mehr.
Auch am dritten Tag bekommt der Rabbi wieder eine Büchse Tunfisch mit Brot. Die Verdammten dagegen schlemmen in Schnitzeln, Bratwürsten, Grillhähnchen und so weiter. Jetzt wird es dem Rabbi zu dumm, und er beschwert sich beim ersten Engel, der vorbeifliegt: »Ich verstehe das nicht. Hier, im Paradies, gibt es Tag für Tag dasselbe ärmliche Essen, eine Büchse Tunfisch mit Brot. Dort unten aber, in der Abteilung der Verdammten, schlagen sie sich den Bauch mit Delikatessen voll!«
»Ich weiß«, erwidert der Engel mit gesenktem Blick. »Aber das Problem ist, frommer Rabbi, dass es sich nicht lohnt, für einen einzigen zu kochen.«

Koscher oder trefe?

Samuel ist nach New York ausgewandert und versucht sein Glück mit einem Delikatessengeschäft, genau dem Italiener Mario gegenüber. Mario, verärgert über die neue Konkurrenz, hängt ein Schild raus: »Schinken nur 50 Cents das Pfund.« Sammy pariert mit »40 Cents das Pfund«. Mario geht prompt auf 35 Cents runter, Sammy offeriert Schinken zu 30 Cents. Jetzt platzt Mario der Kragen. Er rennt zu Sammy rüber: »Wenn du die Preise weiter so drückst, gehen wir beide Pleite!« Darauf Sammy: »Wieso wir beide? Du gehst Pleite. Ich habe nur koschere Artikel und verkaufe keinen Schinken!«

Im Bahnabteil. Ein Leutnant packt seine Essvorräte aus. »Auch etwas Schinken gefällig?«, fragt er sein Gegenüber. »Nein danke, ich bin Jude und darf keinen Schinken essen.« Der Leutnant entkorkt eine Flasche: »Aber vielleicht ein Glas Wein?« »Ebenso wenig; wir Juden unterscheiden auch bei Getränken zwischen koscher und nicht koscher.« »Und wenn Sie am Verdursten wären?« »Ja, dann! Jede Zwangslage entbindet uns von den strengen Speisegesetzen.« Der Leutnant zieht seine Dienstwaffe: »Trinken Sie! Oder ich schieße!« Der Jude trinkt. Alsbald entschuldigt sich der Leutnant: »Ich bin zu weit gegangen; es tut mir Leid. Nehmen Sie es mir übel?« »Natürlich nehme ich es Ihnen übel! Warum haben Sie Ihre Waffe nicht schon beim Schinken gezogen?!«

Ein Jude kommt zum Metzger und zeigt auf die Auslagen: »Ich hätte gern von diesem Fisch.« »Aber das ist Schinken!« »Habe ich Sie gefragt, wie der Fisch heißt?!«

Rekrut Levi beschwert sich beim Unteroffizier, man habe ihm ein Stück Speck aus dem Spind gestohlen. »Rekrut Levi, als Jude dürfen Sie doch keinen Speck essen?!« »Ich habe ihn nicht zum Essen! Ich brauche ihn nur, wenn ich mir einen Wolf gelaufen habe. Dann reibe ich mir die Kimme damit ein.« Da tritt der Stubenälteste vor: »Herr Unteroffizier, Rekrut Müller kotzt!«

Als unerlaubt oder trefe gelten unter anderem Mischungen aus Fleisch und Milch.
Eine Jüdin kommt zum Rabbi. Ihr kleiner Sohn hat seine Mütze in das Fleischgericht für den Sabbat fallen lassen. Ist die Speise noch koscher?
Der Rabbi: »Das hängt davon ab, was an der Mütze geklebt haben könnte.«
Die Frau denkt nach: »Dreck wird dran gewesen sein.«
»Dreck? Koscher«, entscheidet der Rabbi.
»Vielleicht Ungeziefer.«
»Das kann man herausfischen. Koscher.«
»Nun ja – das arme Kind hat Kopfkrätze, da kann schon was an der Mütze geklebt haben.«
»Krätze? Koscher.«
»Das Kind isst manchmal Butterbrot. Es kann mit verschmierten Fingern die Mütze angefasst haben.«
»Butter!«, ruft der Rabbi entsetzt. »Trefe!«

Nahum ist tiefgläubiger Jude. Alle Gebote befolgt er, die vorgeschriebenen Gebete hält er ebenso ein wie die Speisegesetze. Eines Nachts hört er im Erdgeschoss Lärm, geht hinunter, um nachzusehen, und erblickt einen Einbrecher, der gerade das Geschirr in einem großen Sack verstaut. Nahum will auf den Dieb losgehen – da greift der in den Sack und holt ein Messer heraus! »Großer Gott!«, schreit Nahum entsetzt, »nicht mit dem Buttermesser!«

Moses empfängt auf dem Berg Sinai die Zehn Gebote und die Speisegesetze.

Gott: »Außerdem, Moses: Koch niemals das Böcklein in der Milch seiner Mutter.«

Moses: »Oh! Du meinst, wir sollen niemals Milch und Fleisch zusammen essen?«

Gott: »Nein, ich sage: Koch niemals das Böcklein in der Milch seiner Mutter.«

Moses: »Ach so! Vergib mir meine Unwissenheit, Herr! Was du meinst, ist: Wir sollen nach dem Fleischgenuss sechs Stunden warten, bis wir Milch trinken, damit beides nicht im Magen zusammenkommt.«

Gott: »Nein, Moses, ich sage: Koch niemals das Böcklein in der Milch seiner Mutter!«

Moses: »Oh Herr, hab Nachsicht mit meiner Dummheit! Was du wirklich meinst, ist: Wir benutzen getrenntes Geschirr für Milchprodukte und für Fleisch, und wenn wir etwas durcheinander bringen, müssen wir das Geschirr vor dem Haus zerschlagen.«

Gott: »Ach, tu, was du willst!«

Was kriege ich für eine Rippe?

Die Braut soll schön sein, aber nachdem der junge Mann sie zusammen mit dem Schadchen besucht hat, muss er seinem Herzen Luft machen: »Das Mädchen hinkt!«
»Das ist ein Vorteil«, versetzt der Schadchen, »dann bleibt sie immer schön daheim und wird eine gute Hausfrau.«
»Kurzsichtig ist sie auch!«
»Das ist gut! Dann sieht sie nicht, wenn du anderen Frauen schöne Augen machst.«
»Außerdem stottert sie!«
»Das ist ein Glück! Wenn sie dir Vorwürfe macht – ehe sie zu Ende geredet hat, bist du aus dem Haus.«
»Und obendrein hat sie einen Buckel ...«
An diesem Punkt platzt dem Schadchen der Kragen: »Na, einen Fehler wird sie doch haben dürfen!«

Der Bräutigam ist bei der Vorstellung der Braut unangenehm überrascht und zieht den Schadchen beiseite, um ihm flüsternd seine Einwände mitzuteilen. »Wozu haben Sie mich hierher gebracht?«, fragt er ihn. »Sie ist alt und hässlich, schielt, hat schlechte Zähne und triefende Augen ...« »Sie können laut sprechen«, wirft der Schadchen ein, »taub ist sie auch.«

Der Aspirant bespricht sich mit dem Schadchen und entwickelt enorme Ansprüche betreffs seiner Zukünftigen.
»Hören Sie mal«, sagt der Schadchen, »wenn ein Mädchen so reich und so schön und aus so guter Familie sein soll, wie Sie sagen, dann müsste sie doch meschugge sein, wenn sie Sie nimmt!«
»Meschugge darf sie sein!«

Der Schadchen besucht zusammen mit dem Bräutigam die Wohnung der Braut. »Sehen Sie nur die wertvollen Möbel«, flüstert der Schadchen. Der Bräutigam misstrauisch: »Vielleicht ist das alles nur auf Kredit gekauft?« »Unsinn«, antwortet der Schadchen, »wer gibt denen Kredit!«

Freier zum Schadchen: »Das ist doch eine Zumutung! Drei Kinder hat die Frau, und die soll ich heiraten?«
Schadchen: »Schauen Sie mal, junger Mann. Wie ist es denn sonst? Sie heiraten, die Frau wird schwanger, Sie müssen die Hebamme und den Arzt bezahlen. Dann kränkelt die Frau, Sie schicken sie zur Kur; alsbald wird sie wieder schwanger, und Sie kommen gar nicht raus aus den Kosten und Sorgen, ehe Sie drei Kinder erleben. Hier haben Sie doch eine fertige Sache.«

Der Schadchen hat zur Besprechung über die Braut einen Gehilfen mitgebracht, der seine Mitteilungen bekräftigen soll.
»Sie kommt aus einer angesehenen Familie«, meint der Schadchen.
»Was heißt angesehen? Die Familie gehört zur Crème de la Crème!«, ruft der Gehilfe.
»Und ihr Vater ist wohlhabend.«
»Was heißt wohlhabend? Ihr Vater ist reich wie Rothschild!«
»Und das Mädchen ist schön.«
»Was heißt schön? Sie ist eine Venus!«
»Aber das eine ist wahr«, gesteht der Schadchen, »sie hat einen winzigen Buckel . . . «
»Was heißt Buckel? Ein Buckel wie ein Berg!«

Der Schadchen: »Ich wundere mich über die jungen Männer von heute. Warum wollen sie alle ein hübsches Mädchen heiraten? Für einen Mann ist es doch ganz egal, wie eine Frau aussieht. Während er schläft, sieht er sie nicht. Beim

Essen guckt er auf den Teller und nicht auf seine Frau. Wenn er in der Synagoge ist, hat er anderes im Kopf, und bei der Arbeit erst recht. Wann sieht er sie also? Gerade die fünf Minuten, die er sich fertig macht, bevor er aus dem Haus geht! Und kann es ihm da nicht ganz egal sein, eine hässliche Frau daheim zu lassen?«

Der Schadchen: »Ich hätte eine gute Partie für Sie.«
»Interessiert mich nicht.«
»Wenn Sie wüssten, wie schön sie ist!«
»Ich suche keine Schönheit.«
»Sie wollen eine aus guter Familie? Kann ich Ihnen auch vermitteln.«
»Nein, ich will nicht.«
»Verstehe, Sie wollen eine Braut mit reicher Mitgift. Also ich weiß ein Mädchen, die bekommt mindestens ...«
»Lassen Sie mich in Ruhe! Wenn ich heirate, dann nur aus Liebe.«
»Eine Liebesheirat? Kein Problem. Damit kann ich Ihnen auch dienen.«

Schadchen zum älteren Herrn: »Herr Doktor, Sie sollten endlich heiraten.«
»Nein, das ist mir zu riskant. Wenn ich eine ganz junge Frau heirate – wer weiß, was für eine Hexe in ihr steckt. Wenn ich eine Geschiedene nehme – mit der hat es doch schon ein anderer nicht ausgehalten. Und wenn ich eine Witwe eheliche – vielleicht hat sie ihren Mann unter die Erde gebracht. Aber wissen Sie was: Eine Verheiratete, die ihrem Mann gefällt – so eine könnten Sie mir vermitteln!«

Ein Jude will seinen Sohn gut verheiraten, möglichst an eine Braut aus einer berühmten und vermögenden Familie.
Der Schadchen besucht den Bankier Rothschild: »Herr Ba-

ron, ich hätte da ganz im Vertrauen einen ausgezeichneten Ehemann für Ihre Tochter.«

Rothschild: »Machen Sie sich keine Hoffnungen. Um meine Tochter werben bereits mehrere Kandidaten.«

Der Schadchen: »Aber was halten Sie vom Vizepräsidenten der Weltbank als Schwiegersohn?«

»Nun«, gesteht Rothschild, etwas überrascht, »einen solchen Bewerber würde ich vielleicht akzeptieren.«

Am nächsten Tag fliegt der Schadchen nach Washington, und es gelingt ihm, zum Präsidenten der Weltbank vorzudringen: »Herr Präsident, ich hätte einen ausgezeichneten Vizepräsidenten für Sie!«

Der Präsident, ziemlich desinteressiert: »Bemühen Sie sich nicht, auf diese Position bewerben sich bereits viele gute Leute.«

Der Schadchen: »Und wenn es der Schwiegersohn von Rothschild ist?«

»Den«, gesteht der Präsident der Weltbank, »würde ich natürlich bevorzugen!«

Im Paradies. Der liebe Gott: »Adam, ich hätte eine Frau für dich. Sie ist schön, kocht gut und ist treu.« »Was muss ich dafür tun?« »Gib mir deinen rechten Arm!« »Das ist mir zu teuer.«

»Ich habe noch eine andere Frau. Sie ist nicht ganz so schön, kocht nicht ganz so gut, aber sie ist treu!« »Was willst du dafür haben?« »Gib mir dein linkes Bein!«

Adam überlegt. Er möchte ganz gern eine Frau, aber es ist ihm zu teuer. Schließlich fragt er den lieben Gott: »Was bekomme ich denn für eine Rippe?«

Wenn die Frauen Eier legen würden

»Jossel, warum so traurig?«
»Ich heirate. Ein schönes und reiches Mädchen.«
»Warum also die Trauer?«
»Wenn ich sie heirate, muss ich Trinken und Rauchen aufgeben.«
»Warum heiratest du sie dann?«
»Wenn ich sie nicht heirate, muss ich etwas noch Wichtigeres aufgeben: das Essen!«

»Papa, ich habe mich verlobt. Meine Braut ist wunderbar. Aber sie hat kein Geld.«
»Nun, im Leben findet man nie alles Gute beisammen. Wie viel hat sie denn wirklich?«
»Papa, ich sage doch: Sie hat überhaupt kein Geld.«
»Was sagst du da? Kein Geld – na schön. Aber überhaupt kein Geld – kommt nicht in Frage!«

Weinend gesteht Wasservogels Tochter, dass sie ein Kind erwartet. Erzürnt stellt Wasservogel den zukünftigen Vater zur Rede. »Beruhigen Sie sich«, sagt der, »wenn es ein Mädchen wird, bekommt sie von mir 50 000 Mark, wenn es ein Junge wird, 80 000.«
»Das ist ein Angebot«, sagt Wasservogel. »Und wenn es eine Fehlgeburt wird, geben Sie ihr dann noch eine Chance?«

Im Zugabteil sitzt ein älterer Herr, ihm gegenüber ein junger Mann. Der alte Mann stellt sich vor, und im Lauf des Gesprächs sagt er zu dem jungen Mann: »Sie scheinen ein gut situierter Mensch zu sein, ich möchte Ihnen meine Tochter geben!«

Der junge Mann: »Bitte, wenn sie Geld bekommt und schön ist, heirate ich sie.«

Der alte Mann: »Sie ist schön und bekommt Geld, aber leider ist ein kleiner Haken bei der Sache. Ich will Ihnen reinen Wein einschenken. Ich bin dreimal in Konkurs gegangen und habe wegen einer winzigen Scheckfälschung ein Jahr gesessen, aber, Gott sei Dank, heute habe ich ein Vermögen von zwei Millionen. Mein ältester Sohn musste nach Amerika gehen, weil er sich in seiner Bank ein bisschen was hat zu Schulden kommen lassen. Meine Tochter ist ein sehr schönes Mädchen, wirklich sehr schön, hochanständig, nur hat sie durch einen Zufall ein Kind bekommen. – Und Sie, mein Herr, jetzt möchte ich wissen, wer Sie sind?«

»Ich nehme Ihre Tochter! Und jetzt wissen Sie, wer ich bin!«

Der Bankier hat eine schöne Tochter, aber sie treibt sich rum. Also beschließt der Bankier: »Genug! Sie muss heiraten!«

Am nächsten Tag kommt der Schadchen zu ihm, nimmt sein Notizbuch hervor und beginnt, die Liste möglicher Bräutigame vorzulesen.

Unterbricht ihn der Bankier: »Steckt Euer Notizbuch ein und hört mir zu! Ich brauche für meine Tochter einen Mann und für mich einen Schwiegersohn. Er muss nicht reich sein – reich ist sie selber. Er muss nicht schön sein – schön ist sie selber. Er muss nicht klug sein – klug ist sie selber . . . aber anständig muss er sein!«

Ein reicher Jude verheiratet seine Tochter, und die wichtigsten Leute der Stadt erscheinen zur Hochzeit. Zu ihrem Erstaunen aber gibt es als Festschmaus nichts als – pures Wasser!

Einer nimmt schließlich all seinen Mut zusammen und fragt den glückstrahlenden Hausherrn, was das zu bedeuten hat.

»Ich will es euch erklären«, sagt der reiche Jude. »Zur Hochzeit meiner geliebten Tochter wollte ich meinen Gästen natürlich das Beste vom Besten bieten. Ich ging zum Fischhändler und fragte ihn, ob er guten Fisch hat. ›Ich habe die besten Fische der Welt‹, sagte der, ›sie sind süß wie Zucker!‹ Denke ich mir, wenn die Fische süß wie Zucker sind, muss Zucker noch besser sein als Fisch. Also gehe ich zum Lebensmittelhändler und frage ihn, ob er Zucker von der besten Sorte hat. Sagt der Händler: ›Besseren Zucker als bei mir findet Ihr nirgends. Mein Zucker ist süß wie Honig.‹ Also meine ich, dann kaufe ich besser gleich Honig. Ich gehe zum Imker und frage nach wirklich gutem Honig. Sagt der Imker: ›Ich habe den besten Honig überhaupt. Er ist klar wie Olivenöl!‹ Also gehe ich ins Feinkostgeschäft und verlange Olivenöl von höchster Qualität. Sagt man mir: ›Genau das führen wir, ein Öl so klar wie Wasser.‹ Versteht Ihr jetzt? Wasser musste besser sein als alles andere auf der Welt! Deshalb ließ ich extra für euch das klarste Wasser herbeischaffen, denn für meine Gäste ist mir das Allerbeste gerade gut genug.«

Der Anlageberater prahlt, wie schön seine Frau ist. Nimmt ihn sein Freund beiseite: »Weißt du nicht, dass deine Frau dich mit einem Liebhaber betrügt?« »Na und? Ich stecke lieber mit fünfzig Prozent in einer guten Sache drin als mit hundert in einer schlechten!«

Ein Jude wird mit der Frau eines anderen in flagranti erwischt und vor den Rabbi gebracht.
»Du Lump!«, brüllt der Rabbi.
»Rabbi«, bittet der Ehebrecher, »es steht geschrieben, dass man niemanden verurteilen darf, ohne ihn anzuhören.«
Der Rabbi sieht das ein. Der Sünder beginnt: »Rabbi, darf ich mit meiner Frau ein Verhältnis haben?«
»Aber selbstverständlich!«

»Rabbi, darf der Mann jener Frau, mit der man mich erwischt hat, mit seiner Frau ein Verhältnis haben?«
»Das ist doch klar!«
»Darf er mit meiner Frau ein Verhältnis haben?«
»Was fällt dir ein?!«
»Da seht Ihr selber, Rabbi: Wenn ich sogar ein Verhältnis mit einer Frau haben darf, mit der jener Mann keines haben darf – um wie viel mehr darf ich dann ein Verhältnis mit einer Frau haben, mit der sogar er eines haben darf!«

Wiesenthal und Hirsch sind Kompagnons. Hirsch hat sich in Wiesenthals Frau verliebt, doch sie weist ihn immer wieder ab. Schließlich lockt er mit Geld: 100 Mark. 200 Mark. 500 Mark. Endlich streckt sie die Waffen: Für 1000 Mark ist sie bereit. Morgen Nachmittag, wenn ihr Gatte für zwei Tage auf Geschäftsreise ist.
Morgens schaut Wiesenthal noch einmal im Büro vorbei, und Hirsch bittet ihn, ihm kurzfristig 1000 Mark zu leihen. Er werde das Geld noch heute Abend Frau Wiesenthal zurückgeben.
Als Wiesenthal nach zwei Tagen von der Reise zurückkehrt, fragt er seine Frau: »Ist Hirsch hier gewesen?«
Seine Frau, zögerlich: »Ja, er war hier.«
»Hat er dir 1000 Mark gegeben?«
Seine Frau, kreidebleich: »Ja . . .«
»Ausgezeichnet! Da seh ich doch wieder, was der Hirsch für ein anständiger Mensch ist!«

Drei jüdische Bankiers in Paris. Der erste: »Freitagmittag schließe ich die Bank, steige in den Sportwagen – und zehn Minuten später bin ich mit meiner Frau in meinem Landhaus.«
Der zweite: »Ich schließe ebenfalls mittags, besteige mein Flugzeug, und zehn Minuten später bin ich mit meiner Geliebten an der Côte d'Azur.«

Der dritte: »Ich schließe auch mittags, gehe zu meiner Mätresse, der Frau eines Diplomaten – und zehn Minuten später hat er Hörner in Tokio.«

»Was ist eigentlich der Unterschied zwischen Frechheit und Chuzpe?« »Das kann ich dir erklären. Wenn ich nach Hause komme und meine Frau mit meinem Buchhalter im Bett treffe – das ist eine Frechheit. Wenn ich dann meine Frau zur Rede stelle, und sie antwortet: ›Du solltest dir an ihm ein Beispiel nehmen!‹ – das ist Chuzpe!«

Der Chef einer kleinen jüdischen Firma kommt nach Hause und erwischt seine Frau mit seinem Prokuristen in flagranti auf dem Sofa. Der betrogene Ehemann fragt in seiner Verzweiflung den Rabbi um Rat. Der denkt kurz nach und sagt: »Wirf den Prokuristen raus!«
Darauf der Mann: »Wenn ich meinen Prokuristen rauswerfe, nimmt er alle Geschäftsgeheimnisse mit, und ich bin pleite!«
Der Rabbi: »Wirf deine Frau raus.«
»Dann muss ich die Mitgift rausgeben und bin erst recht pleite.«
Darauf der Rabbi: »In diesem Fall brauche ich mehr Zeit zum Nachdenken. Komm in einer Woche wieder.«
Nach Ablauf der Frist erscheint der Mann fröhlich beim Rabbi. »Was ist passiert?«, fragt der Rabbi, »Warum so gut gelaunt?«
»Ich habe das Sofa rausgeworfen!«

Berl besucht seinen Freund Moische in Warschau. Sie spazieren auf der Hauptstraße.
»Schöne Frauen sieht man hier!«, sagt Berl. »Schau nur die Blonde da!«
»Die kannst du für zwanzig Zloty haben«, sagt Moische.
»Schau mal, die da im Pelzmantel!«

»Kannst du für fünfzehn Zloty haben. Und jene dort am Fenster für zehn. Siehst du dort die Schwarze? Eine der schönsten Frauen Warschaus! Die kannst du auch haben, für fünf Zloty!«

»Das ist ja sehr schön, Moische, aber gibt es in Warschau eigentlich gar keine anständigen Frauen?«

»Doch, natürlich«, antwortet Moische. »Sie kosten aber mehr.«

Jankl geht auf der Straße. Rebekka schaut vom Balkon herunter. Jankl ruft hinauf: »Rebekka, ist dein Mann zu Hause? Nein? Soll ich raufkommen?« »Jankl, ich bin doch keine Hure!« »Aber Rebekka, wer spricht denn vom Zahlen!«

»Schreibt man Hure mit einem r oder mit zwei r?«
»Ich schreibe immer: Sehr geehrte Frau.«

München. Frau Grün und Herr Blau treffen sich zufällig auf der Karlstraße. Zufällig eilen beide zum Bahnhof, also eilen sie gemeinsam. Beide wollen an den Starnberger See, also fahren sie zusammen. Am Starnberger See ist alles besetzt bis auf ein Doppelzimmer. Also nehmen sie es und stellen einen Paravent zwischen die beiden Betten.

Blau schläft schon, aber Frau Grün ist wach: »Herr Blau, es zieht mir. Bitte schließen Sie das Fenster!«

Blau knurrt unwillig, schlurft zum Fenster, schließt es und legt sich wieder schlafen.

Frau Grün nach einer Weile: »Herr Blau, es wird stickig. Bitte öffnen Sie das Fenster wieder!«

Blau stöhnt erbittert, steht auf, öffnet das Fenster und legt sich wieder hin.

Frau Grün, nervös: »Herr Blau, ich habe Durst. Bitte bringen Sie mir ein Glas Wasser!«

Da setzt sich Blau auf und sagt streng: »Frau Grün, Gott hat gewollt, dass wir uns auf der Karlstraße begegnen. Gott hat gewollt, dass wir zusammen an den Starnberger See fahren, Gott hat gewollt, dass wir nur ein Doppelzimmer finden – wenn Sie meinen, Gott hat gewollt, dass wir werden wie Mann und Frau, dann stehen Sie bitte selber auf und holen sich das Glas Wasser selbst!«

Katzengoldt steht unter der Fuchtel seiner Frau. Ihre ganze Liebe wendet sie ihrem Wellensittich zu, der frei in der Wohnung herumfliegen darf. Eines Tages, beim Essen, lässt der Vogel einen Klacks in die Suppenschüssel fallen. Die Frau lächelt nachsichtig.
Katzengoldt: »Das hätte ich mir erlauben sollen!«

Der alte Stettenheimer ist stocktaub. Er trifft einen Freund, der ihn fragt: »Wie geht es?«
Stettenheimer: »Ich habe Heringe gekauft.«
»Du bist taub! Ich frage: Wie geht es dir und deiner Frau?«
»Ich habe sie geputzt, ausgenommen, eingesalzen …«
Der Freund verliert die Geduld: »Leck mich am Arsch!«
»Das ist die billigste Mahlzeit!«, versichert Stettenheimer.

Blum kommt in Trauerkleidung vom Friedhof. Am Tor trifft er einen Bekannten. »Wer ist denn gestorben, Blum?«
»Meine Frau.«
»Aber das ist doch zwei Jahre her.«
»Weißt du nicht, dass ich inzwischen wieder geheiratet hatte?«
»Nein, das wusste ich nicht! Da will ich dir vor allem erst mal meinen herzlichen Glückwunsch sagen!«

Der alte Gutman liegt in den letzten Zügen. Im Zimmer nebenan organisieren die Kinder bereits die Beerdigung.
»Ich möchte, dass Papa einen würdevollen Trauerzug bekommt. Mindestens fünfzig Leichenwagen«, sagt David.

»Das finde ich übertrieben«, wendet Jakob ein. »Fünfundzwanzig tun es auch, ohne eine schlechte Figur abzugeben.«
»Eine so pompöse Beerdigung wäre nicht nach Papas Geschmack«, meint Esther. »Von den Ausgaben ganz zu schweigen … ich finde, zehn Leichenwagen sind genug.«
»Wozu so viel Aufwand?«, fragt Gabriel. »Mit einem Leichenwagen ist uns doch vollauf gedient!«
Seine Geschwister geben ihm Recht.
»Und für die Grabrede würde ich gern Rabbi Rosenzweig bestellen«, meint David. »Der ist brillant …«
»Rabbi Rosenzweig?!«, rufen die anderen im Chor. »Wer soll das bezahlen?«
In diesem Moment erscheint auf wackligen Beinen der alte Gutman in der Tür. »Kinder, ich gehe …«
»Papa, wo willst du hin?! Du darfst auf keinen Fall das Bett verlassen!«, schreien alle entsetzt.
»Ich gehe zu Fuß zum Friedhof, Kinder. Das ist am billigsten.«

Der letzte Wille wird verlesen: »Meiner Frau Sarah hinterlasse ich die Hälfte meines Vermögens. Die andere Hälfte hinterlasse ich zu je einem Drittel meinen Kindern Daniel, Simon und Rahel. Und meinem Schwager, dem ich versprochen habe, ihn in meinem Testament zu erwähnen – hallo, Moische, ich grüße dich!«

Rubinowitz bekommt einen Brief aus Amerika. Er liest ihn und verkündet seiner Frau mit trauriger Miene: »Tante Ethel ist gestorben.«
Die Frau beginnt zu wehklagen: »O weh, Tante Ethel ist gestorben! Was für ein Unglück! Was für ein Jammer!«
»Still!«, unterbricht sie der Mann. »Sie hat uns 100 000 Dollar vererbt …«
»Dass sie gesund und stark sein möge!«

Schloime trifft am Freitagabend bei Verwandten in der Stadt ein und wird zu Tisch geladen. Es gibt Fisch. Die Verwandten wollen wissen: »Was macht Muhme Golda?«

»Gestorben«, sagt Schloime, und während die Frauen in Geheul ausbrechen und die Männer trübsinnig den Kopf wiegen, nimmt er eine riesige Portion vom Fisch.

Dann trägt man die gefüllte Gans mit Knödeln herein.

»Was macht Vetter Motke?«, fragen ihn die Gastgeber.

»Ertrunken«, sagt Schloime, und während das Gejammer von neuem losbricht, lädt er die Gans Stück um Stück auf seinen Teller.

Man bringt knusprigen Apfelstrudel herein.

»Was macht Motkes Schwiegermutter?«, forschen die Frauen.

»An Altersschwäche verschieden«, sagt Schloime und greift nach dem Strudel.

Aber diesmal erntet er Widerspruch. »Das kann nicht stimmen«, meint ein anderer Gast, »ich habe die alte Dame vorgestern noch in Karlsbad gesehen!«

»Mag sein«, räumt Schloime gleichmütig ein. »Solange ich esse, sind alle für mich tot.«

Grünspan erhält ein Telegramm: »Deine Schwiegermutter ist gestorben. Beerdigung Mittwoch.«

Grünspan telegrafiert zurück: »Einverstanden!«

Zwei Jüdinnen unterhalten sich über die Ehen ihrer Kinder.

Die erste: »Meine Tochter hat einen wundervollen Mann. Damit sie nicht zu kochen braucht, führt er sie jeden Abend aus. Damit sie nicht sauber machen muss, hat er eine Putzfrau eingestellt. Sie muss nicht arbeiten gehen, weil er eine gute Stelle hat, und sie hat auch keinen Ärger mit den Kindern, weil er extra ein Kindermädchen bezahlt.«

Die zweite: »Mein Sohn ist mit einem Biest verheiratet. Weil sie nicht kocht, muss er sie jeden Abend teuer ausführen.

Weil sie nie sauber macht, muss er eine Putzhilfe finanzieren, und weil sie keine Arbeit annimmt, muss er schuften wie ein Pferd. Und weil ihr selbst die eigenen Kinder egal sind, musste er sogar ein Kindermädchen einstellen!«

Ein Mann lässt sich im Beichtstuhl nieder. »Meine Frau ist gestorben. Gleich nach der Beerdigung lernte ich eine junge Frau kennen, mit der ich jetzt schlafe, oft dreimal am Tag.«
»Wie alt bist du, mein Sohn?«
»81.«
»Bete drei Vaterunser und zehn Ave-Maria.«
»Das kann ich nicht.«
»Warum nicht?«
»Ich bin Jude.«
»Warum erzählst du mir das dann?«
»Ich erzähle es jedem.«

Fünfzig Jahre alt, will Jankl noch einmal heiraten: eine Zwanzigjährige! Sein Freund versucht ihm die Sache auszureden: »Überleg mal! In zehn Jahren bist du sechzig und sie dreißig. Noch mal zehn Jahre, und du bist siebzig und sie vierzig. Sag selbst: Was willst du mit so einer alten Frau?«

Der achtzigjährige Abraham Wunder heiratet die achtzehnjährige Sarah – und siehe da, es stellt sich Nachwuchs ein! Kopfschüttelnd schaut er auf den Säugling in der Wiege und murmelt: »Ist es ein Wunder – ist es ein Wunder! Ist es kein Wunder – ist es ein Wunder?«

Abel und Katz haben eine gemeinsame Geliebte. Sie bekommt Zwillinge, und die beiden beschließen, die Alimente gemeinsam zu zahlen.

Da stirbt eines der zwei Kinder. In Tränen aufgelöst, kommt Abel zu Katz und teilt ihm die traurige Neuigkeit mit: »Mein armes Kind ist tot!«

Religionslehrer: »Was wisst ihr von Moses?«
Schüler: »Moses war der Sohn einer ägyptischen Prinzessin.«
»Falsch, die Prinzessin hat ihn bloß in einem Körbchen am Nil gefunden.«
»Sagt sie!«

Isidor Friedländer ist zum sechsten Mal Vater geworden. »Wie schön wäre es, wenn es bei den Menschen wie bei den Hühnern wäre, wenn die Frauen Eier legen würden«, sagt er melancholisch. »Will man Kinder haben, sagt man: ›Sarah, brüte!‹, will man aber keine Kinder haben, sagt man: ›Sarah, mach mir ein Omelett!‹«

Jossele hat einen Sohn bekommen und lädt seine Freunde zur Namensgebung ein. »Wenn ihr kommt, klopft kräftig mit dem Fuß gegen die Tür!«
»Weshalb mit dem Fuß?«
»Ihr werdet doch nicht mit leeren Händen kommen?!«

Drei amerikanische Jüdinnen unterhalten sich. Jede will beweisen, dass sie den besten und dankbarsten Sohn hat.
Die erste: »Mein Sohn hat mir zum Geburtstag eine Kreuzfahrt spendiert.«
Die zweite: »Mein Sohn hat ein Fest für mich ausgerichtet, bei dem ich sogar Freunde aus Europa einfliegen lassen durfte, alles auf seine Kosten.«
Die dritte: »Mein Sohn geht regelmäßig zum Psychiater. Das verschlingt Unsummen. Und worüber spricht er dort? Nur über mich!«

Die drei Söhne einer Jüdin haben im Ausland ihr Glück gemacht. Sie besprechen, was sie ihrer alten Mutter schenken können.

Abraham, der älteste: »Ich kaufe ihr ein großes Haus.«

Moische, der zweite: »Ich schenke ihr einen Mercedes samt Chauffeur.«

David, der jüngste: »Wisst ihr noch, wie gerne Mutter in der Bibel las? Aber jetzt sieht sie nicht mehr gut. Ich schenke ihr einen Papagei, der die ganze Bibel rezitieren kann. Mutter braucht nur Kapitel und Vers zu nennen.«

Bald danach kommt der Dankesbrief der Mutter.

»Abraham«, schreibt sie, »das Haus ist viel zu groß. Ich bewohne nur ein Zimmer, muss aber das ganze Haus sauber machen. Moische«, schreibt sie weiter, »ich bin zu alt, um in der Welt herumzukutschieren. Außerdem ist der Chauffeur frech und gibt ungehörige Antworten. Jetzt aber zu dir, mein lieber David«, schreibt sie. »Das Hähnchen war köstlich!«

Brooklyn, 1925. Der berüchtigte jüdische Gangster und größte Alkoholschmuggler der Stadt, Abe Caponenbaum, fällt einem brutalen Attentat zum Opfer, als er in Goldenthals Restaurant gerade gefüllten Fisch verzehrt. Die aus nächster Nähe abgefeuerten Kugeln treffen ihn mitten ins Herz. Blitzschnell sind die Attentäter auf und davon. Ein Blutstrahl schießt auf Abes Teller, doch er hat das letzte Wort noch nicht gesprochen. Zwar sackt er zusammen und kippt vom Stuhl. Doch dann kriecht er langsam zur Tür. Glücklicherweise wohnt seine Mutter im selben Haus, direkt über Goldenthals Restaurant. Unter höllischen Qualen schleppt sich Abe die Treppe hinauf und kann, oben angekommen, gerade noch an der Tür klingeln, dann sinkt er auf die Fußmatte. Seine Mutter öffnet die Tür und sieht den Sohn in einer riesigen Blutlache vor sich liegen. »Ma ... ich sterbe«, röchelt der Gangster.

»Nun komm erst mal rein, Junge. Iss ordentlich was, und dann erzählst du mir in Ruhe alles.«

Das Telefon klingelt. Die Hausfrau hebt ab: »Ja, bitte?«
»Hallo, hier ist Mama. Wie geht es dir?«
»Ach Mama, hier herrscht ein Chaos! Die Kinder sind krank, der Kühlschrank ist kaputt, und abends kommen zwanzig Leute zum Essen!«
»Mach dir keine Sorgen, Liebling. Setz dich hin, schließ die Augen und entspann dich! Wozu gibt es deine Mama? Ich bin in einer halben Stunde da. Unterwegs denke ich mir ein schönes Menü für heute Abend aus und kaufe alles dafür ein. Dann koche ich und kümmere mich nebenbei um die Kinder. Sag mal, was war noch gleich Arons Lieblingsnachtisch? Trüffelparfait, stimmt's?«
»Aron? Wer ist Aron?«
»Aron, dein Mann!«
»Mein Mann heißt Jeremy!«
»Habe ich denn nicht 522-6912 gewählt?«
»Nein, hier ist die 522-6921!«
»Oh, dann habe ich mich wohl verwählt ...«
»Großer Gott! Heißt das, du kommst nicht?!«

Zwei Jüdinnen kommen in den Himmel und unterhalten sich mit Maria. Es müsse doch herrlich sein, einen so berühmten Sohn zu haben. »Ach na ja«, seufzt Maria, »wir wollten ja immer, dass er ein Doktor wird.«

Der Sohn bekommt von seiner Mutter zum Geburtstag zwei Hemden geschenkt. Sofort zieht er eines an. Die Mutter betrübt: »Gefällt dir das andere nicht?«

Zwei jüdische Psychoanalytiker unterhalten sich. »Mir ist neulich ein schrecklicher Versprecher unterlaufen«, gesteht der eine.
»Wir Psychoanalytiker sind auch nur Menschen«, will ihn der andere beruhigen.

»Aber hier lag der Fall anders!«, fährt der erste fort. »Ich war bei meiner Mutter zum Abendessen. Wie üblich hat sie den größten Teil der Unterhaltung bestritten. Als ich sagen wollte, ›Mama, reich mir bitte das Salz‹, kam ein ganz anderer Satz über meine Lippen.«
»Nämlich?«
»Halt's Maul, du altes Miststück, du hast mein Leben ruiniert!«

Während der Ferien am Strand. Der siebenjährige Sohn hat für seine Eltern und sich Vanilleeis gekauft. Gerade als er mit den drei Eistüten bei seinen Eltern ankommt, fällt ihm eine in den Sand. Der Sohn: »Wie schade, Papa! Jetzt habe ich dein Eis fallen lassen!«

Provision fürs Betteln

Der Schnorrer klagt dem Kommerzienrat, dass er sein ganzes Leben vom Pech verfolgt sei. Misstrauisch fragt der Kommerzienrat: »Was sind Sie denn von Beruf?«

Schnorrer: »Musiker. Aber das Orchester hat sich aufgelöst, und jetzt bin ich arbeitslos.«

Noch misstrauischer fragt der Kommerzienrat: »Was für ein Instrument spielen Sie denn?«

Schnorrer, zögernd: »Tuba.«

Der Kommerzienrat geht an einen Schrank und öffnet ihn: »Ich habe hier zufällig eine Tuba, spielen Sie mir doch etwas vor.«

Schnorrer: »Nun, sagen Sie selbst! Bin ich nicht vom Pech verfolgt? Müssen Sie ausgerechnet eine Tuba haben!«

Schnorrer: »Ich bin sehr krank, der Arzt hat mir Seeluft verordnet. Geben Sie mir bitte etwas dazu!«

Der Reiche: »Da haben Sie hundert Mark und fahren Sie in Gottes Namen.«

Schnorrer: »Das ist zu wenig. Damit kann ich keine Kur in Ostende machen.«

Der Reiche: »Was? Ein Schnorrer und will ausgerechnet ins teuerste Seebad, das es gibt?«

Schnorrer: »Für meine Gesundheit ist mir nichts zu teuer!«

Variante:

Ein Schnorrer darf sich von einem reichen Glaubensgenossen jeden Monat hundert Mark abholen. Als er wieder einmal kommt, ist der Hausherr nach Karlsbad verreist.

»Was?!«, beschwert sich der Schnorrer, »auf meine Kosten fährt er ins Bad?!«

Ein Schnorrer schellt an der Tür eines Reichen. Da sich nichts rührt, klingelt er energischer. Wieder tut sich nichts. Schließlich läutet er Sturm.

Der Hausherr eilt zur Tür, erblickt den Schnorrer und schimpft: »Was erlauben Sie sich, so heftig zu läuten?! In diesem Stil werden Sie mit Ihrem Schnorren nicht weit kommen!«

»Na so was«, versetzt der Schnorrer: »Jetzt gehe ich seit zwanzig Jahren von Tür zu Tür – und muss mich von einem Laien belehren lassen!«

»Herr Kommerzienrat, hier ist ein armer Vetter von mir, der auf Ihre Mildtätigkeit rechnet.«

»Wird ihm mit zwanzig Mark gedient sein?«

»Gewiss. Und meine Provision?«

»Provision?!«

»Nun, ich habe Ihnen doch den Mann zugeführt.«

»Was? Erst heute Vormittag habe ich Ihnen hundert Mark gegeben, um Sie aus dem ärgsten Schlamassel rauszuholen, und jetzt sitzen Sie hier und essen Kaviar?« »Ich verstehe Sie nicht. Habe ich kein Geld, kann ich keinen Kaviar essen, habe ich Geld, darf ich keinen Kaviar essen. Also wann soll ich eigentlich Kaviar essen?«

Ein armer Jude kommt zu Rothschild: »Herr Baron, ich bin schwer herzleidend, meine Frau ist gelähmt, mein Sohn ist von einem Auto überfahren worden, meine Tochter ist lungenkrank, meine arme alte Mutter ist –« Der Baron klingelt seinem Kammerdiener: »Johann, schmeißen Sie ihn raus, er bricht mir das Herz!«

Schnorrer: »Gnädige Frau, ich habe seit zwei Tagen nichts mehr gegessen!«

»Oh, Sie müssen sich zwingen!«

Junger Mann: »Geben Sie mir bitte etwas Geld!«
Passant: »Schämen Sie sich! Einem gesunden Kerl wie Ihnen gebe ich nichts!«
Junger Mann: »Was? Soll ich mir vielleicht für Ihre paar Groschen die Arme abhacken lassen?«

Ein Talmudstudent geht auf einen stadtbekannten reichen Geizkragen zu: »Laden Sie mich zum Sabbatmahl ein! Dann will ich Ihnen etwas sagen, was Ihnen lieber sein wird als tausend Mark!«
Der Geizkragen zögert. Doch das Angebot ist zu verlockend. Er lädt den Studenten ein.
Als das Festmahl zu Ende ist, drängt der reiche Geizkragen neugierig: »Nun? Was ist mir lieber als tausend Mark?«
Der Student: »Zweitausend Mark!«

»Du warst doch bei dem reichen Samuelson, hat er dir was geschenkt?«
»Geschenkt? Fünf Ohrfeigen hat er mir geben wollen!«
»Woher weißt du, dass er dir genau fünf Ohrfeigen hat geben wollen?«
»Na, wenn er mir sie nicht hätte geben wollen, hätte er sie mir doch nicht gegeben!«

Hausherr zum Schnorrer: »Hier habe ich eine abgelegte Hose für Sie. Sehen Sie, sie ist noch fast neu.«
»Der Herr lohne es Ihnen! Jetzt habe ich nur noch eine Bitte: Wollen Sie mir nicht diese Hose abkaufen? Sehen Sie, sie ist noch fast neu!«

Mitbringe Kobra

Eine arme galizische Gemeinde bittet einen reichen Kohlenhändler um eine Spende von einigen Waggons Kohle. »Schenken kann ich euch nichts«, sagt der Händler, »aber ich kann euch zehn Waggons Kohle zum halben Preis überlassen.« Die Gemeinde dankt für das Angebot und bestellt erst einmal fünf Waggons Kohle.

Als mehrere Monate nach der Lieferung weder das Geld noch die Nachbestellung beim Kohlenhändler eingehen, schreibt er eine Mahnung.

Die Antwort der Gemeinde kommt prompt: »Ihre Mahnung ist uns völlig unverständlich. Sie haben uns zehn Waggons Kohle zum halben Preis offeriert, das entspricht dem Wert von fünf Waggons Kohle. Diese haben wir bezogen. Auf den Rest erheben wir keinen Anspruch.«

1928, die Polarexpedition des Italieners Nobile ist verschollen. Zahlreiche europäische Staaten beteiligen sich an der Suche. Auch in den polnischen Postämtern hängt ein Hinweis: »Depeschen für Nobiles Polarexpedition werden unentgeltlich und außer der Reihe angenommen.«

An den Schalter tritt Leib Herschkowitz. »Ich möchte in der Angelegenheit Nobile telegrafieren.«

»Bitte sehr.«

Herschkowitz erhält ein Telegrammformular und schreibt: »Samuel Perlman Lublin. Herr Perlman, eilen Sie Nobile zu Hilfe. Sollte Ihnen das nicht möglich sein, so schicken Sie mir zweihundert Paar Damenstiefel. Herschkowitz.«

Frau Kamnitzer erhält ein Telegramm von ihrem Gatten: »Eintreffe 17.30 Uhr Hauptbahnhof mitbringe Kobra.« Die Gattin ist pünktlich beim Zug und holt ihren Mann ab. Sie mustert das Gepäck: »Wo ist die Kobra?« »Ach was, Kobra! Es waren noch zwei Worte frei – ich schenke doch der Post nichts!«

Zwei arme Schlucker räsonieren. Der erste: »Das ist doch eine verkehrte Welt! Die Reichen kaufen alles auf Kredit, und die Armen, die doch kein Geld haben, müssen bar bezahlen. Es sollte umgekehrt sein: Die Reichen, die doch genug Geld haben, sollten alles bar bezahlen, und die Armen, die nichts haben, sollten auf Kredit kaufen können!«
Der andere: »Aber wenn ein Kaufmann den Armen Kredit gibt, wäre er bald selbst ein armer Mann.«
Darauf der erste: »Umso besser, dann kann er auch auf Kredit kaufen.«

Zum sehr beschäftigten Rothschild kommt ein Besucher. Rothschild, ohne aufzublicken: »Nehmen Sie sich einen Stuhl!«
Nach einigen Minuten wird der Besucher ungeduldig: »Ich bin der Fürst von Thurn und Taxis!«
Rothschild: »Nehmen Sie sich zwei Stühle!«

Bei Fleckeles, der gerade Pleite gemacht hat, klingelt das Telefon. Fleckeles hebt ab. Anrufer: »Ist dort Rothschild?«
Fleckeles: »Mein Gott – haben Sie sich verwählt!«

Der Chef, sehr freundlich: »Also schön, man hat mir Sie empfohlen, ich werde Sie einstellen. Sie werden natürlich unten anfangen, zuerst Marken kleben, dann Briefe kopieren, nach ein paar Jahren kommen Sie in die Buchhaltung – nur an die

Kasse dürfen Sie nicht. Sie sind doch viel zu jung. An der Kasse kann ich nur einen älteren, erfahrenen Menschen gebrauchen! (lebhafter:) Was heißt das, an die Kasse? Das ist doch eine Vertrauensstellung! (in steigender Erregung:) Erstens kenne ich Sie gar nicht, und zweitens – so ein grüner Junge an der Kasse?! (außer sich:) Das ist doch ein Unding, eine Frechheit! Machen Sie, dass Sie rauskommen!!«

Der Chef entlässt seinen Kassierer – nach 25-jährigem treuen Dienst. »Was habe ich mir denn zu Schulden kommen lassen?«, fragt der Kassierer gekränkt. Der Chef: »Na, na – warten werde ich, bis!«

»Mein Kassierer, der mit meiner Tochter und der Kasse durchgebrannt ist, scheint allmählich zu bereuen.« »Wieso, hat er das Geld zurückgegeben?« »Nein, aber die Tochter hat er bereits retourniert.«

Der Bankier öffnet die Tür zum Boudoir seiner Gattin und erblickt sie in zärtlicher Umarmung mit dem Prokuristen. Mit imponierender Gebärde schleudert er ihm die Worte ins Gesicht: »Diese Beziehung hört auf – und zwar vom nächsten Montag ab!«
Doch am Montag ergibt sich eine ähnliche Szene, und es kommt zu einem heftigen Wortwechsel, der in Tätlichkeiten ausartet. Hierbei überwältigt der Prokurist seinen Chef, der entkräftet nur noch zu ächzen vermag: »Ihre Prokura ist erloschen!«

Buchhalter zum Chef: »Ein Kunde hat hundert Mark zu viel überwiesen. Was soll ich tun?«
»Das fragen Sie? Immer korrekt handeln! Fünfzig schreiben Sie mir gut und fünfzig meinem Teilhaber!«

»Ist Herr Rosenthal da? Ich muss einen Wechsel …«
»Bedaure, er ist verreist.«
»… bezahlen …«
»Ach so! Er dürfte in einer Viertelstunde zurück sein.«
»… weil Rosenthal ihn nicht eingelöst hat.«
»… das heißt, wenn er dort nicht in Geschäften festgehalten wird.«

Kunde: »Was kostet diese Hose?«
Verkäufer: »In unserem Geschäft gibt es nur Festpreise. Ich sage Ihnen daher nicht siebzig, nicht sechzig, nicht fünfzig, sondern sofort fünfundvierzig Mark.«
Kunde: »Ich handle nicht. Deshalb sage ich Ihnen nicht zehn, nicht zwanzig, nicht dreißig, sondern sofort fünfunddreißig Mark.«
Verkäufer zur Kassiererin: »Pack dem Kunden die Hose für vierzig Mark ein!«

Feintuch kalkuliert, wie ein bevorstehender Handel mit einem Geschäftsfreund ablaufen wird: »Sagt er zwölf, meint er zehn, will er haben acht, wird wert sein sechs, möcht ich geben vier, werd ich sagen zwei.«

Seligsohn, aufgeklärt und assimiliert, feiert mit seinen Kindern und Enkeln Weihnachten. Da wird er ans Telefon gerufen. Entrüstet schreit er hinein: »Herr Katz! Ich feiere gerade mit meiner Familie Weihnachten, und da kommen Sie mir mit Geschäften?! Und wenn Sie mir zehn, ja zwölf Prozent bieten – ich sage nein! Was meinen Sie? Vierzehn Prozent? Einverstanden!«

Der Inhaber eines Textilgroßhandels fragt seinen Prokuristen, was sie mit den vierzig Blusen vom Vorjahr, die keiner mehr haben wollte, machen können. »Ich gebe sie sogar unter dem Einkaufspreis, wenn ich sie alle auf einmal loswerde!«

Der Prokurist: »Ich habe eine Idee. Wir schicken sie an unsere zehn besten Kunden, und zwar an jeden vier Stück. Im Begleitschreiben teilen wir aber mit, dass wir drei Stück schicken. Ich kenne unsere Kunden und bin überzeugt: Das Gratisstück wird sie verlocken, und sie werden die drei Stück bezahlen!«

Der Inhaber ist einverstanden. Nach einiger Zeit fragt er seinen Prokuristen: »Was ist mit den Blusen?«

Der Prokurist bekümmert: »Was soll sein? Alle zehn Kunden haben je drei Stück zurückgeschickt und mitgeteilt, dass die vorjährige Ware für sie keinen Wert hat!«

Kunde zum Börsenmakler: »Soll ich kaufen oder verkaufen?«
Makler: »Kaufen!«
Kunde: »Eigentlich dachte ich mehr daran zu verkaufen.«
Makler: »Verkaufen? Auch nicht schlecht!«

»Vater, was ist ein Bankier?«
»Ganz einfach: Ein Bankier ist im Prinzip ein Mann, der bei schönem Wetter Regenschirme verleiht und sie bei schlechtem Wetter zurückfordert!«

Ein halbes Jahr nach seinem achtzigsten Geburtstag erkrankt der alte Börsenmakler schwer. Man spricht ihm Mut zu: »Bei Ihrer Konstitution kommen Sie bestimmt durch. Sie werden sehen, Gott lässt Sie noch neunzig werden!« Der Alte winkt ab: »Warum soll Gott mich mit neunzig nehmen, wenn er mich mit achtzigeinhalb haben kann?«

Der Vater klärt seinen Sohn über ökonomische Zusammenhänge auf: »Alles, was selten ist, ist teuer. Ein gutes Pferd ist selten. Darum ist es teuer.« »Aber Papa«, wendet der Sohn ein, »ein gutes Pferd, das billig ist, ist doch noch seltener.«

»Papa, was ist eigentlich eine Spekulation?«
»Ich gebe dir ein Beispiel: Die Eierpreise sind hoch, also gründest du eine Hühnerfarm. Dann kommt eine Überschwemmung, und alle Hühner ersaufen. Enten hättest du züchten sollen!«

Lehrer: »Moritz, wenn ich mir bei deinem Vater 300 Mark leihe und ihm dafür jährlich neun Mark zahle: Wie viel Prozent Zinsen sind das dann?«
»Zwölf Prozent.«
»Es sind drei Prozent. Moritz, du kannst nicht rechnen!«
»Rechnen kann ich, aber Sie kennen meinen Vater nicht.«

»Vater, draußen verkauft ein Mann Äpfel. Gib mir einen Groschen, ich möchte einen kaufen!«
»Wozu brauchst du da Geld? Geh hinaus und zeig dem Mann die Zunge! Vielleicht wirft er dir einen Apfel an den Kopf!«

Sam wälzt sich ruhelos im Bett. Endlich fragt Ethel ihn: »Was ist, Sam?« »Ich mache mir Sorgen«, seufzt Sam. »Ich schulde unserem Nachbarn Rosenberg 500 Dollar und muss sie ihm morgen zurückgeben. Aber ich habe keine 500 Dollar.« »Ist das alles?!«, fragt Ethel, öffnet resolut das Fenster und schreit: »He, Rosenberg, hörst du mich? Mein Mann, Sam, kann dir das Geld morgen nicht geben!« Sie schließt das Fenster und schlüpft wieder ins Bett: »So, jetzt kannst du ruhig schlafen. Jetzt hat Rosenberg die Sorgen.«

Mel und Isaac treffen sich auf der Straße. Mel: »Kannst du mir fünfzig Dollar leihen?« Isaac ist so freundlich und gibt sie ihm. Nach einer Woche treffen sie sich wieder. Mel: »Ich schulde dir noch fünfzig Dollar. Gib mir noch mal fünfzig, dann ist es eine runde Summe.« Isaac gibt sie ihm. Zwei Wochen später laufen sie sich wieder über den Weg. »Isaac, leih mir noch mal hundert, dann sind es mal gerade zweihundert, die ich dir schulde.« Auch diesmal zeigt sich Isaac der Überzeugungskraft seines alten Freundes nicht gewachsen.

Nach einiger Zeit begegnen sie sich wieder. Mel fängt an: »Isaac, ich schulde dir doch 200 Dollar …« Blitzschnell unterbricht ihn Isaac: »Nein!«

»**S**tell dir mein Pech vor! Gestern leihe ich mir fünfzig Mark vom Grünstein – und heute stirbt er!«

»Das nennst du Pech?«

»Aber ja! Wenn ich das geahnt hätte, hätte ich mir das Zehnfache geliehen!«

Gläubiger und Schuldner stehen vor dem Rabbi.

Gläubiger: »Er schuldet mir tausend Mark und zahlt nicht.«

Schuldner: »Diesen Monat kann ich leider nicht zahlen.«

Gläubiger: »Das hat er schon letzten Monat gesagt.«

Schuldner: »Und? Habe ich nicht Wort gehalten?«

Hotelbesitzer Goldwasser liegt im Sterben und lässt seinen Sohn zu sich rufen, um ihm noch einige Ratschläge fürs Geschäft zu geben.

»Du musst es machen wie ich«, sagt er. »Zuerst bin ich mit einem Trödlerkarren umhergezogen – es ist nicht gegangen. Dann habe ich einen Kredit aufgenommen und einen kleinen Laden aufgemacht – es ist nicht gegangen. Dann habe ich einen größeren Kredit aufgenommen und eine Firma ge-

gründet – es ist nicht gegangen. Daraufhin habe ich einen großen Kredit aufgenommen und dieses Hotel gekauft – es will auch nicht gehen. Wirst du also einen noch viel größeren Kredit aufnehmen ...«
»Aber Vater«, unterbricht ihn erschrocken der Sohn. »Man kann doch nicht ewig auf Kredit leben!«
Darauf der Alte: »Man lebt auch nicht ewig!«

Der alte Inhaber eines bescheidenen Kleiderladens liegt im Sterben. Die ganze Familie hat sich um sein Bett versammelt. »Sarah, mein Weib, bist du da?« »Ja«, kommt es zurück. »Sami, mein Sohn, bist du da?« »Ja.« »Rahel, meine Tochter, bist du da?« »Ja.« Mit letzter Kraft richtet sich der Sterbende auf: »Und wer passt solange im Laden auf?!«

Nach einem Schiffbruch sitzen zwei Juden im Rettungsboot. »Großer Gott«, betet der eine, »wenn du uns mit dem Leben davonkommen lässt, will ich die Hälfte meines Vermögens für einen guten Zweck stiften.«
Sie rudern den ganzen Tag und die ganze Nacht, aber weit und breit ist kein Schiff zu sehen.
»Herr«, verspricht der Jude, »wenn du uns aus unserer Not errettest, opfere ich zwei Drittel meines Vermögens.«
Am dritten Tag ist die Lage genauso trostlos.
»Herr im Himmel«, betet der Jude wieder, »wenn wir durch deine Hilfe aus diesem Schlamassel rauskommen, dann –«
»Halt!«, unterbricht ihn der andere. »Hör auf mit den Angeboten. Land in Sicht!«

Kohn zum Advokaten: »Schauen Sie, was mir der Grün schreibt, der Lump! Ich soll ihm die 1000 Mark zurückzahlen, sonst verklagt er mich. Nie im Leben habe ich 1000 Mark von ihm erhalten, das kann ich beschwören!«
»Dann ist die Sache einfach ... Fräulein, schreiben Sie: ›...

und da ich ein solches Darlehen von Ihnen nie erhalten habe, sehe ich Ihrer Klage in Ruhe entgegen.‹«

»Falsch, ganz falsch!«, ruft Kohn. »Wo haben Sie die Rechte studiert?! Fräulein, schreiben Sie: ›… und nachdem ich Ihnen die 1000 Mark längst zurückerstattet habe, sehe ich Ihrer Klage in Ruhe entgegen.‹«

»Herr Kohn, Sie haben doch eben gesagt, dass Sie beschwören können, kein Geld von ihm erhalten zu haben!«

»Habe ich auch nicht.«

»Warum schreiben Sie dann, dass Sie zurückbezahlt haben?«

»Ganz einfach: Wenn ich so schreibe, wie Sie sagen, kann er am Ende zwei Zeugen aufstellen, dass er doch gegeben hat … Schreibe ich aber so, wie ich will, dann habe ich die Zeugen zu stellen.«

»**W**as mit Liebskind ist? Er hat mir brieflich gedroht wegen der 2000 Mark, die ich ihm schulde. Aber auf so einen Brief gibt es doch eine Antwort! Wollen Sie meine Antwort hören? ›Waas? Sie wollen mich verklagen, Herr Liebskind, wegen der lumpigen 2000 Mark, wo der Pofel, den Sie mir geliefert haben, nicht mal zwei Groschen wert war? Schicken Sie morgen Ihren Buchhalter in mein Büro, da kann er sich die 2000 Mark abholen und 2000 Ohrfeigen dazu!‹

Das heißt, so hätte ich geschrieben, wenn ich das Geld gehabt hätte.«

Der Sohn begleitet seinen Vater zum ersten Mal auf einer längeren Geschäftsreise. Er staunt, mit welcher Leidenschaft der Vater die Preise der Lieferanten drückt. »Aber Vater, warum das alles? Ich weiß doch, dass du keine einzige Rechnung bezahlen wirst!«

»Richtig, aber ich möchte nicht, dass meine Geschäftspartner zu viel Geld an mir verlieren.«

»**K**annst du mir fünfzig Dollar leihen? Damit könnte ich ein kleines Geschäft machen.«

»Und wie viel könntest du bei diesem kleinen Geschäft verdienen?«

»Fünfundzwanzig Dollar.«

»Weißt du was? Ich schenke dir fünfundzwanzig Dollar, dann haben wir beide bei diesem Geschäft fünfundzwanzig Dollar verdient!«

Ein Bauer will sich beim Dorfjuden einen Rubel leihen. Sie vereinbaren, dass er das Geld im Frühjahr zurückzahlt, und zwar das Doppelte. Bis dahin lässt er als Pfand seine Axt da.

Als der Bauer gehen will, ruft ihm der Jude nach: »Warte, mir ist was eingefallen. Im Frühling wird es dir schwer fallen, zwei Rubel aufzutreiben. Ist es nicht besser, wenn du die Hälfte jetzt anzahlst?«

Das leuchtet dem Bauern ein, und er gibt den Rubel zurück. Nachdenklich macht er sich auf den Heimweg: »Merkwürdig. Der Rubel ist weg, die Axt ist weg, einen Rubel bin ich ihm auch noch schuldig – und dennoch hat alles seine Richtigkeit!«

Ein jüdischer Hausierer schleppt sich mühsam mit einem schweren Warenkasten auf dem Rücken die heiße Landstraße dahin. Ein großer, kräftiger Bauer überholt ihn. »Bitte«, ruft der Hausierer, »trag mir den Kasten. Ich gebe dir zwanzig Heller dafür!«

Der Bauer ist beleidigt. Dem Juden den Kasten tragen? Von ihm ein Trinkgeld annehmen? Stolz lehnt er ab.

»Leih mir wenigstens fünf Kronen zu einem guten Zins!«, bettelt der Jude. »Ich bin im Augenblick knapp bei Kasse. Als Pfand lasse ich dir meinen Kasten mit der ganzen Ware!«

Er öffnet den Kasten und breitet seine Artikel vor dem Bauern aus. Der ist überzeugt, gibt dem Juden fünf Kronen und schultert den Kasten.

Lange gehen sie schweigend nebeneinander her. Endlich kommt die Stadt in Sicht. »Ich habe mir's überlegt«, sagt da der Jude. »Ich verzichte auf die Anleihe. Hier hast du deine fünf Kronen zurück und fünf Heller als Zinsen dazu! Und nun gib mir mein Pfand zurück!«

Ein reicher Jude hat ein wertvolles Reitpferd, um das ihn jedermann beneidet, doch der Jude verkauft es nicht für zwei Tausender. Eines Tages erkrankt es. Der Jude ist unglücklich, doch sein Diener weiß Rat: »Verkauf mir das Pferd für fünf Hunderter«, sagt er seinem Herrn, »wenn es gesund wird, habe ich den Vorteil, wenn es stirbt, habe ich Pech gehabt.« »Wird das Tier wieder gesund?«, fragt der Jude den Tierarzt, und der sagt: »Ganz unter uns, das Pferd wird die Krankheit nicht überstehen.« Der Jude stellt dem Diener die Kaufurkunde aus, und der verspricht, das Geld am nächsten Morgen zu bringen. Mit der Urkunde geht der Diener ins Wirtshaus, wo an die zwanzig Händler warten. »Ich besitze das Pferd und will es verkaufen.«

Die Händler überbieten sich gegenseitig mit immer neuen Angeboten. Sagt der Diener: »Damit kein Neid aufkommt, mache ich eine Tombola. Jeder zahlt einen Hunderter und bekommt ein Los, und der Gewinner kriegt das Pferd.« Gesagt, getan, einer der Händler zieht das große Los und geht freudestrahlend zum Stall des reichen Juden.

Das Pferd ist unterdessen verendet. Der Diener ist scheinbar erschüttert: »Was für ein Unglück!« Der Händler ist ebenfalls enttäuscht, der Diener aber meint: »Du sollst deinen Hunderter zurückbekommen, schließlich sollst du an dem Geschäft nichts verlieren.« Der Händler ist froh, hat aber Skrupel: »Und was sagen die anderen?« Der Diener seelenruhig: »Lass nur, die haben doch sowieso verloren.«

An der Tür erscheint ein Vertreter, Herr Blum von Palwitzer & Söhne, und bietet Rotwein zur Bestellung an.

»Danke, kein Bedarf«, antwortet der Hausherr.

»Ich biete Ihnen Rabatt.«

»Kein Interesse!«

»Kosten Sie wenigstens von diesem Nektar!«

»Noch ein Wort, und ich werfe Sie die Treppe hinunter!«

Da der Vertreter weiter auf den Hausherrn einredet, macht dieser seine Drohung wahr. Am Fuß der Treppe angelangt, klopft sich der Vertreter den Staub von der Kleidung, steigt die Treppe wieder hinauf und sagt: »Die Sache mit dem Rotwein hätten wir besprochen. Aber vielleicht möchten Sie Weißwein bestellen?«

Zwei Juden kommen an der Villa von Rockefeller vorbei.

»Hätte ich sein Geld«, sagt der eine, »ich wäre reicher als er.«

»Unsinn«, sagt der andere.

»Doch! Ich könnte nebenbei Hebräischstunden geben.«

Zalman Lewinsky hat ein Stoffgeschäft in Brooklyn. Eines Tages kommt ein antisemitischer Kunde, der sich mit ihm einen Spaß erlauben will, und sagt: »Ich will ein Stück von diesem Stoff, und zwar gerade so lang, dass es von deiner Nasenspitze bis zur Spitze deines Pimmels reicht.« Der alte Zalman nickt ergeben und teilt dem selbstgefällig grinsenden Kunden mit, dass er ihm die Ware direkt nach Hause liefern wird.

Zwei Tage später läutet es an der Tür des Witzbolds. Er öffnet und sieht vor dem Haus zehn Lastwagen stehen, aus denen Männer unzählige Ballen Stoff ausladen. Als sie fertig sind, händigt ihm der letzte von ihnen einen Umschlag aus, der nicht nur eine gepfefferte Rechnung enthält, sondern auch einen Begleitbrief: »Mit tausend Dank von Zalman Lewinsky – wohnhaft in New York, beschnitten in Warschau.«

Ein osteuropäischer Einwanderer landet in New York. Die Verwandten wollen dem etwas simpel gestrickten Mann, der kaum Englisch kann, den Start in der Neuen Welt erleichtern und kaufen ihm einen Kleiderkarren samt einer Partie Hosen und Socken. Laut rufend zieht der Mann durch die Quartiere: »Hoysen, Socken ... Hoysen, Socken ...«
Eine junge Witwe findet Gefallen an dem Mann und bittet ihn in ihre Wohnung. Sie lieben sich, und zum Abschied drückt die Frau ihm eine Zehndollarnote in die Hand. Er nimmt seine alte Tour wieder auf:
»Hoysen, Socken, Focking ... Hoysen, Socken, Focking ...«

Das Geschäftshaus Goldberg & Cie., New York, sucht eine neue Tippse. Es melden sich drei Mädchen, und Goldberg testet eine nach der anderen.
»Nun«, fragt sein Partner, »was ist herausgekommen?«
»Alle drei sind wunderbar«, sagt Goldberg. »Ich habe das erste Mädchen gefragt, wie viel eins und eins sind, und sie hat geantwortet: elf. Ein originelles Mädchen, das eigenständig zu denken vermag! Dann habe ich die zweite gefragt, was eins und eins ist. Sie hat geantwortet: Lassen Sie mich einen Augenblick überlegen. Du musst zugeben: eine umsichtige Person! Zuletzt habe ich die dritte gefragt, was eins und eins ist – und wie aus der Pistole geschossen gibt sie zur Antwort: zwei! Perfekt! Es muss wunderbar sein, mit so einem Mädchen zusammenzuarbeiten.«
»Ja, sehr schön ... und welche hast du eingestellt?«
»Was für eine Frage! Natürlich die mit dem größten Busen!«

Ein Reicher hat in seinem Testament seine drei Freunde zu Erben bestimmt, einen Deutschen, einen Engländer und einen Juden. Bedingung: Jeder von den dreien muss ihm vom Erbe eine Million ins Grab legen.
Bei der Beerdigung tritt der Deutsche an das Grab und legt Gold im Wert von einer Million auf den Sarg.

Der Engländer erbringt die Summe in Banknoten.
Als Letzter tritt der Jude vor, nimmt Gold und Banknoten an sich und legt einen Scheck auf drei Millionen hin.

Die Frau eines wohlhabenden Kaufmanns stürzt aufgeregt ins Zimmer und verkündet, der Messias sei auf dem Weg in die Stadt.
»Das hat uns gerade noch gefehlt!«, stöhnt der Mann. »Da hat man sich ein Grundstück gekauft und ein Haus gebaut, das Geschäft wird profitabel, und nun müssen wir alles stehen und liegen lassen, um dem Messias zu folgen.«
»Nimm's dir nicht so zu Herzen«, beruhigt ihn die Frau. »Bedenk doch, wie viel unser Volk schon durchgemacht hat: die Knechtschaft in Ägypten, Hamans Verfolgung, 2000 Jahre in der Diaspora, all die Pogrome. Mit Gottes Hilfe werden wir auch den Messias überstehen!«

Wieso hat Gott die Zehn Gebote ausgerechnet den Juden und keinem anderen Volk gegeben? Das kam so:
Als Erstes versuchte Gott, seine Gebote den Ägyptern anzudrehen. »Was ist das für Zeug?«, fragt der Pharao.
»Das sind Gesetze, von denen ich will, dass ihr sie befolgt. Zum Beispiel: Du sollst keine anderen Götter haben neben mir.«
»Kein Interesse«, sagt der Pharao. »Wir können nicht alle unsere Götzen auf den Müll werfen.«
Als Nächstes geht Gott zu den Assyrern. Auch deren König will wissen, worum es sich handelt. Gott, aus Erfahrung klug geworden, packt die Sache diesmal anders an: »Nun, das sind Vorschriften wie beispielsweise ›Du sollst nicht töten‹.«
»Kommt nicht in Frage«, erwidert der assyrische König. »Wir befinden uns mitten in einem Feldzug!«
Da geht Gott mit seiner Ware zu den Kanaanäern und denkt sich wieder eine neue Strategie aus: »Das sind so Verhaltensregeln, also etwa: ›Du sollst nicht ehebrechen‹ und so.«

»Vergiss es«, winkt der kanaanäische Priester ab. »Damit kann ich meinen Leuten nicht kommen!«

Am Ende seiner Weisheit angelangt, wendet Gott sich an die Juden: »Wollt ihr meine Gebote haben?«, fragt er Moses.

»Gebote? Was kosten die denn?«

»Kosten?«, wiederholt Gott. »Die kosten nichts!«

»Ah, gratis. Na, dann geben Sie uns mal zehn Stück.«

Blum, Blum, Blum & Blum

Richter: »Also was können Sie beschwören? Haben Sie dem Händler die Summe bezahlt?«
Angeklagter: »Höchstwahrscheinlich.«
Richter: »Höchstwahrscheinlich gibt's nicht beim Eid. Sie haben zu schwören, ich hab's bezahlt, oder ich hab's nicht bezahlt.«
Angeklagter: »Ja, genau so möchte ich schwören!«

»Du warst in Meseritz. Was gibt es dort Neues?«
»Nichts. Nur ein Hund hat gebellt.«
»Ein Hund hat gebellt?«
»Nun ja, wegen der vielen Menschen.«
»Warum waren denn so viele Menschen da?«
»Nichts Besonderes. Sie wollten zusehen, wie die Polizei deinen Bruder abführt.«
»Meinen Bruder haben Sie abgeführt?! Warum?«
»Er soll Schecks gefälscht haben.«
»Schecks soll er gefälscht haben? Das ist doch nichts Neues.«
»Sag ich doch, dass es in Meseritz nichts Neues gibt.«

Ein bitterarmer Jude beschließt, Räuber zu werden. Frühmorgens zieht er mit einem Messer in den Wald und wartet auf ein Opfer. Da kommt ein großer, kräftiger Bauer daher. Der Jude springt aus seinem Versteck, schwingt das Messer und schreit: »Geld oder Leben!«
Der Bauer erschrickt einen Moment, dann schaut er sich den armseligen Räuber an und lacht. »Ich nehme an, du hast Hunger«, sagt er. »Da hast du eine Kopeke.«
Der Jude dreht die Münze hin und her: »Eine Kopeke?! Bin ich ein Räuber oder ein Schnorrer?!«

Katz ist ein Raufbold. Ohne jeden Anlass schlägt er Levi krankenhausreif.

Zwei Monate später sitzt Levi, noch nicht ganz auskuriert, auf seinem Balkon. Katz geht vorbei und winkt hinauf, als sei nichts gewesen. Levi ignoriert ihn.

Darauf Katz: »Ph, beleidigt!«

Weiß verklagt Schwarz, weil dieser ihn mit Ohrfeigen bedroht hat. Richter: »Haben Sie Zeugen?« Weiß: »Wozu? Ich habe ihm auch so geglaubt!«

Ein Mann ruft bei einer Anwaltskanzlei an. Eine Stimme meldet sich: »Kanzlei Blum, Blum, Blum und Blum.«

Der Mann: »Ich möchte Herrn Blum sprechen.«

»Tut mir Leid, er ist in Urlaub.«

»Dann möchte ich Herrn Blum sprechen.«

»Er arbeitet an einem komplizierten Fall und darf nicht gestört werden.«

»Dann möchte ich Herrn Blum sprechen.«

»Der hat heute frei.«

»Gut, dann möchte ich Herrn Blum sprechen.«

»Am Apparat.«

Kahn und Jelinek spazieren durch Prag und überqueren eine Straße bei Rot. Ein Polizist hält sie an: »Sie müssen eine Strafe zahlen!«

Kahn: »Gilt das auch für die Helden von Dukla?«

Der Polizist salutiert respektvoll, und die beiden gehen weiter.

Jelinek: »Was sollte diese Frage? Wir waren doch nie in Dukla!«

»Fragen wird man doch dürfen!?«

Tel Aviv in den dreißiger Jahren. Ein Gast betritt ein rumänisches Restaurant, hängt seinen Mantel auf, setzt sich und will einen Rindfleischbraten. Der Kellner geht hinaus und kommt mit dem Bescheid zurück: »Leider nicht mehr vorhanden.« Der Gast bestellt ein Schnitzel. Der Kellner geht hinaus und meldet abermals: »Leider nicht mehr vorhanden.« Der Gast bestellt noch dies und das – nichts ist da. Da sagt der Gast wütend: »Bringen Sie mir meinen Mantel!« Der Kellner geht hinaus, kommt zurück und meldet: »Leider auch nicht mehr vorhanden.«

Konjugation in Tel Aviv:
Drei Juden vor dem Schaufenster eines Uhrenladens.
Der alteingesessene Jude: »So eine Uhr werde ich einmal haben.«
Der Pole: »So eine Uhr habe ich längst.«
Der Rumäne: »So eine Uhr hattest du.«

Ein Jude beklagt sich beim Bezirksgericht, weil seine Berufung im Lauf vieler Jahre noch nicht erledigt wurde.
Beamter: »Was drängst du dich vor? Ihr Juden habt Jesus Christus ans Kreuz geschlagen!«
Der Jude: »Schade, dass er nicht hier beim Bezirksgericht Berufung eingelegt hat. Er würde heute noch leben!«

Mitten durch die Leute

In einem Zugabteil sitzen ein älterer und ein junger Jude. Der junge bemüht sich vergeblich, ein Gespräch in Gang zu bringen. Selbst die Frage nach der Uhrzeit verhallt ohne Antwort.

Es ergibt sich einfach kein Gespräch. Als nach Stunden der Zielbahnhof in Sicht ist, fasst sich der junge Mann noch mal ein Herz und fragt nach: »Entschuldigung, mein Herr, ich hatte Sie höflich gefragt, wie spät es ist. Warum geben Sie mir keine Antwort?«

Jetzt wendet sich der Ältere ihm zu: »Das kann ich Ihnen sagen, junger Mann.

Ich hätte Ihnen die Uhrzeit genannt, und Sie hätten mir gesagt, dass ich eine schöne Uhr trage. Ich hätte geantwortet, dass die Uhr sehr wertvoll ist. Sie hätten gesagt, dass man gute Geschäfte machen muss, um sich eine solch wertvolle Uhr leisten zu können, und ich hätte gesagt, ja, ich mache gute Geschäfte. Sie hätten gefragt, was für Geschäfte ich mache, und ich hätte geantwortet, dass ich im Im- und Export tätig bin. Dann hätten Sie mich gefragt, wo ich wohne, und ich hätte geantwortet, dass ich in Warschau wohne. Sie hätten gefragt, ob ich ein schönes Haus habe. Ich habe ein schönes Haus. Sie hätten gefragt, ob ich eine Familie habe. Ich habe eine Frau und eine Tochter. Sie hätten gefragt, ob die Tochter schön ist. Meine Tochter ist sehr schön. Dann wären Sie zu Besuch gekommen, hätten sich in meine Tochter verliebt und um ihre Hand angehalten. Und jetzt frage ich Sie: Was soll ich mit einem Schwiegersohn, der nicht einmal eine eigene Uhr hat?«

Im Nachtzug Berlin–Paris sitzen in einem Abteil bereits drei Herren. Ein jüdischer Handelsreisender tritt herein und schlägt sogleich vor: »Meine Herren, lassen Sie uns die Strecke bis Paris in vier Teile aufteilen. Jeder von uns kann dann während eines Viertels der Strecke eine ganze Bank für sich allein haben zum Schlafen. Sind Sie einverstanden, dass ich als Erster bis Hannover schlafe?«

Die Herren sind einverstanden, der Handelsreisende legt sich hin.

In Hannover wacht er auf und nimmt seinen Koffer, um auszusteigen. Die anderen drei Herren sind empört: »Warum haben Sie uns nicht gesagt, dass Sie bloß bis Hannover fahren?«

»Meine Herren – Sie haben mich nicht gefragt!«

Im Nachtzug. Es ist sehr heiß. Der alte Kohn jammert ununterbrochen: »Hab ich einen Durst … was hab ich einen Durst … was für einen Durst ich habe …!« So geht das stundenlang. Endlich kauft einer der Mitpassagiere eine Flasche Wasser im Speisewagen für Kohn. Eine Weile ist es still. Dann hört man Kohn skandieren: »Hab ich einen Durst gehabt … was hab ich einen Durst gehabt … was für einen Durst ich gehabt habe …!«

In einem Bahnabteil sitzt ein Jude einem schlafenden Offizier gegenüber. Plötzlich wird ihm schlecht, und er übergibt sich auf die Uniform des Offiziers. Er schrickt zusammen, fasst sich aber und beginnt, den Offizier abzuwischen, weckt ihn auf und fragt Anteil nehmend: »Geht es Ihnen schon besser?«

Ein Leutnant und ein Jude sitzen im Nichtraucherabteil. Der Jude zieht eine Zigarre aus dem Etui, schneidet die Spitze ab, steckt sich die Zigarre in den Mund und nimmt eine

Streichholzschachtel heraus. Als das Streichholz aufflammt, springt der Leutnant hoch, reißt dem Juden die Zigarre aus dem Mund und wirft sie aus dem Fenster.

Der Jude: »Was erlauben Sie sich?!«

Leutnant: »Hier wird nicht geraucht!«

Jude: »Ich habe nicht geraucht!«

Leutnant: »Hier werden auch keine Vorbereitungen getroffen!«

Kurz darauf nimmt der Leutnant eine Zeitung hervor und faltet sie auseinander. Eben will er zu lesen anfangen, da reißt ihm der Jude die Zeitung aus der Hand und wirft sie aus dem Fenster.

Der Leutnant: »Was erlauben Sie sich?!«

Der Jude: »Hier wird nicht geschissen!«

Leutnant: »Aber ich habe doch gar nicht geschissen!«

Jude: »Hier werden auch keine Vorbereitungen getroffen!«

Herzl sitzt im Zugabteil einer Dame gegenüber. Da entfährt ihm hinterrücks ein peinlicher Laut.

»Gott, wie roh!«, ist die Dame pikiert.

Herzl: »Extra für Sie werd ich ihn kochen –!«

Nachtzug von Lemberg nach Odessa. Salo steigt neu hinzu, öffnet die Tür eines Abteils – und sieht einen Kollegen intensiv mit einer Dame beschäftigt. »Sami, was tust du da?!« »Ich fahre nach Odessa.« »Mitten durch die Leute?«

Bernstein fährt von New York nach Chicago, Leibovitz von Chicago nach New York. Auf dem Bahnsteig von Cleveland kommen sie ins Gespräch. Sie reden auch noch, als sie schon im Zug sitzen. Plötzlich hält Bernstein inne: »Schau, Leibovitz, ist das nicht ein großartiges Land? Ich fahre von New York nach Chicago, du fährst von Chicago nach New York –« »Und?« »Und? Und? Beide sitzen wir im selben Zug!«

Im Bahnhof von Madrid stehen zwei Juden am Fahrkartenschalter nach Paris. Zwei Spanier, die ebenfalls nach Paris wollen, beobachten sie und sehen, dass die beiden Juden nur eine einzige Fahrkarte kaufen, aber zu zweit den Zug besteigen.

Als der Schaffner naht, rennen die beiden Juden auf die Zugtoilette. Der Schaffner weiß, dass sich immer jemand dort verbirgt, klopft gewohnheitsmäßig an die Tür und ruft: »Ihre Fahrkarte bitte!« Sofort schieben die beiden Juden die eine Fahrkarte unter der Tür durch, und der Schaffner knipst sie.

Nach einigen Tagen in Paris stehen die Spanier am Kartenschalter für die Rückreise nach Madrid. Die beiden Juden kommen etwas später. Natürlich kaufen die beiden Spanier nur eine Fahrkarte. Zu ihrer Überraschung kaufen die beiden Juden diesmal überhaupt keine.

Als der Schaffner naht, verstecken sich die beiden Spanier auf der Toilette. Die beiden Juden springen auf, klopfen an die Tür und rufen: »Ihre Fahrkarte bitte!« Die Spanier schieben sie unter der Tür durch, die beiden Juden reißen sie an sich und stürzen in die nächste Toilette.

Jossele erzählt: »… und dann kam der Kontrolleur und blickte mich an, als hätte ich keine Fahrkarte!«
»Und was hast du gemacht?«
»Nun, ich habe ihn angeschaut, als hätte ich eine Fahrkarte.«

Drei jüdische Handelsvertreter fahren oft zusammen die gleiche Strecke. Sie haben sich schon alle Witze erzählt, die sie kennen. Sobald einer nur den Mund öffnet, winken die anderen ab: »Kennen wir schon!«
Schließlich verfallen sie auf die Idee, alle Witze aufzuschreiben und durchzunummerieren. Ab sofort braucht nur noch einer eine Nummer zu rufen, um die anderen zum Lachen zu bringen.

Unterwegs steigt ein neuer Reisegast zu. Der hört sich das unverständliche Zahlenspiel eine Weile an und bittet endlich, eingeweiht zu werden und mitspielen zu dürfen.

Er studiert die Witzliste und ruft: »Einundvierzig!«

Niemand lacht.

»Was ist los?«, wundert er sich. »Das ist doch ein erstklassiger Witz.«

»Schon«, geben die anderen zu, »aber man muss ihn auch erzählen können!«

Es geht noch weiter.

Nach einer Weile ruft einer: »Siebenundneunzig!«

Brüllendes Gelächter.

»Verstehe ich nicht«, wundert sich der Neue, »der steht doch gar nicht auf der Liste.«

»Eben, den kannten wir auch noch nicht!«

Cohen kehrt von einer Europareise in die USA zurück. Am Flughafen durchsucht der Zöllner seinen Koffer und fördert eine Flasche zu Tage: »Was ist das?«

»Das ist Wasser aus Lourdes.«

Der Zöllner öffnet misstrauisch die Flasche und schnuppert: »Das ist kein Wasser, das ist Cognac!«

»Cognac?«, staunt Cohen. »Schon wieder ein Wunder!«

Ein Rabbi will ein Auto kaufen. Der Händler: »Ich habe genau das Richtige für Sie. Es ist ein israelisches Modell! Sie werden angenehm überrascht sein.« Er führt den Rabbi zu einem Wagen. »Steigen Sie ein, ich zeige es Ihnen!«

Der Rabbi: »Wo sind denn die Pedale?«

Der Händler: »Dieses Auto hat weder Gas- noch Bremspedal. Sie müssen nichts weiter tun, als das Kommando mündlich zu geben. Zum Gas geben sagen Sie einfach: Baruch ha-Schem!«

Und schon setzt sich das Auto in Bewegung.

»Zum Bremsen sagen Sie: Schema Israel!«

Kaum gesagt, hält das Auto.

Der Rabbi kauft es auf der Stelle. Er steigt ein, sagt: »Baruch ha-Schem!«, und fährt los. Bald hat er die Stadt verlassen. Von der schönen Landschaft fasziniert, übersieht er ein Schild, dass die Straße gesperrt ist. Schon fährt das Auto auf eine halb fertige Brücke. Instinktiv suchen die Füße des Rabbis das Bremspedal, aber da ist nichts. »Was muss ich sagen, was muss ich sagen!«, schreit der Rabbi, der die Formel zum Bremsen längst vergessen hat. Schon öffnet sich unterhalb der Brücke eine tiefe Schlucht. »Das ist das Ende!«, denkt der Rabbi, und indem er sich auf den Tod vorbereitet, beginnt er zu beten: »Schema Israel!«, ruft er – und im selben Moment hält das Auto. Die Vorderseite hängt bereits über den Brückenrand.

Der Rabbi streicht sich mit zitternder Hand durchs Haar, blickt staunend auf das Wunder und seufzt aus tiefster Seele erleichtert: »Baruch ha-Schem!«

Drei Juden aus Chelm, dem jüdischen Schilda, stranden auf einer Insel. Eine Fee erscheint und stellt jedem einen Wunsch frei.

Der erste Jude aus Chelm wünscht sich Verstand. Augenblicklich kann er schwimmen und schwimmt davon.

Der zweite Jude wünscht sich noch mehr Verstand als der erste. Schon baut er ein Boot und segelt fort.

Der dritte Jude aus Chelm wünscht sich noch mehr Verstand als die anderen beiden, und er geht über die Brücke.

Zwei Juden steigen in einem Gasthof ab. Als sie sich zur Ruhe betten, vergessen sie, das Licht auszumachen. Zwei Stunden liegen sie so und können nicht einschlafen, weil es zu hell ist. Nach einer weiteren Stunde sagt der eine: »Weißt du, man hätte das Licht ausmachen sollen. Ich bin bloß zu faul zum Aufstehen.«

Sagt der andere: »Daran habe ich schon lange gedacht, ich war bloß zu faul, es zu sagen.«

»Sagen Sie, wohnt hier ein Dr. Kornfeld? Wissen Sie, so ein Hagerer mit Brille …«

»Ja, erster Stock rechts. Er wohnt allerdings nicht in diesem Haus, sondern im Haus gegenüber. Ob er Doktor ist, weiß ich nicht … aber warum behaupten Sie, dass er hager ist? Ich würde sagen, er ist eher dick. Kornfeld heißt er übrigens auch nicht, sondern … warten Sie … Honigmann! Ja, Honigmann heißt er. Aber was sag ich! Honigmann *hieß* er. Letzten Monat ist er nebbich gestorben. Tut mir Leid für Sie.«

Ein Tourist kommt an den See Genezareth. »Was kostet eine Überfahrt?«, fragt er den Bootsverleiher. »Fünfzig Schekel.« »Das ist ein bisschen viel.« »Mein lieber Freund, über diesen See ist Jesus Christus zu Fuß gegangen.« »Kein Wunder bei den Preisen!«

Warum der Hintern klüger sein kann

Zwei Juden diskutieren über Politik. »Ich mache mir große Sorgen wegen der angespannten internationalen Lage«, findet der eine. Darauf der andere:

»Ich sehe überhaupt keinen Grund zur Sorge. Die Krise kann zu einem Krieg führen oder nicht. Wenn es zu einem Krieg kommt, gibt es zwei Möglichkeiten. Entweder du wirst einberufen – oder nicht. Wirst du nicht einberufen, besteht kein Grund zur Sorge. Wirst du einberufen, gibt es zwei Möglichkeiten. Entweder du wirst an die Front geschickt oder nicht. Wirst du nicht an die Front geschickt, besteht kein Grund zur Sorge.

Wirst du an die Front geschickt, gibt es zwei Möglichkeiten. Entweder du wirst verletzt oder nicht. Wirst du nicht verletzt, besteht kein Grund zur Sorge. Wirst du verletzt, gibt es zwei Möglichkeiten: Entweder du wirst leicht oder schwer verletzt. Wirst du leicht verletzt, besteht kein Grund zur Sorge. Wirst du schwer verletzt, gibt es zwei Möglichkeiten. Entweder du stirbst oder nicht. Stirbst du nicht, besteht kein Grund zur Sorge.

Stirbst du aber, so gibt es zwei Möglichkeiten: Entweder du kommst ins Paradies oder in die Hölle. Kommst du ins Paradies, besteht kein Grund zur Sorge.

Kommst du aber in die Hölle, so gibt es immer noch eine Möglichkeit: dass der Krieg überhaupt nicht ausbricht. Du siehst also: Es besteht überhaupt kein Grund zur Sorge!«

Der Globetrotter erzählt im Klub: »Ich komme gerade von einer phantastischen Reise durch Nordafrika zurück! Großartige Landschaften, herrliche alte Städte und das Schönste: Dort gibt es weder Juden noch Schweine!«

Eisiges Schweigen senkt sich über die Gesellschaft. Endlich ergreift der vornehme Herr Rubinstein das Wort: »Schade. Wenn ich das früher gewusst hätte, hätten wir das Problem lösen können.«

»Lösen? Wie?«

»Indem wir zusammen nach Nordafrika gereist wären, Sie und ich.«

Antisemit: »Alles Unglück kommt von den Juden!«

Jude: »Nein, von den Radfahrern.«

Antisemit: »Wieso von den Radfahrern?«

Jude: »Wieso von den Juden?«

Ein alter Jude läuft schwer bepackt durch den Bahnhof und fragt nach längerem Zögern einen Mann: »Was halten Sie von Juden?« Der Mann antwortet: »Ich bin ein großer Bewunderer des jüdischen Volkes.« Der alte Jude geht weiter und stellt einem anderen dieselbe Frage. Der Mann erwidert: »Ich bin fasziniert von den Leistungen unserer Mitmenschen jüdischen Glaubens in Kultur und Wissenschaft.« Daraufhin fragt der alte Jude einen dritten. Der entgegnet: »Ich mag Juden nicht besonders und bin froh, wenn ich mit ihnen nichts zu tun habe.« Darauf der alte Jude: »Sie sind ein ehrlicher Mann! Könnten Sie auf mein Gepäck aufpassen? Ich muss auf die Toilette.«

Im zaristischen Russland. In der Nähe der Synagoge wird ein ermordetes Kind gefunden. Die Juden sind verzweifelt: »Bestimmt werden die Gojim behaupten, wir hätten das Kind umgebracht, und zum Pogrom hetzen!« Man versammelt sich in der Synagoge, um zu beraten, wie die Gefahr abgewendet werden kann, aber niemand weiß Rat.

Da kommt der Rabbiner aufgeregt zur Tür herein. »Hurra! Die Gefahr ist vorbei!«, ruft er begeistert.

»Was ist geschehen?«

Der Rabbi holt tief Luft und erzählt: »Lob sei dem Herrn! Wisst ihr, was rausgekommen ist? Das ermordete Kind war eines von uns!«

Stalin lässt die Oberhäupter der drei großen Religionen in Russland zu sich kommen, den Patriarchen, den Imam und den Oberrabbiner. Er befiehlt ihnen zu verkünden, dass der Kommunismus schon am Anfang der Welt existiert hat und vor aller Religion da war. Der Patriarch und der Imam lehnen ab. Der Rabbi aber sagt zu! Nach der Unterredung fragen die beiden den Rabbi, wie er das verantworten könne.
»Ganz einfach, Stalin hat Recht! Schaut doch auf den Anfang der Welt: Zwei arme Menschen, Adam und Eva, vegetieren nackt und barfuß. Erst stehen sie an einer Schlange, dann streiten sie um frisches Obst, schließlich denunzieren sie einander bei der Behörde, und das Ganze wird als Paradies gepriesen.«

Die Lehrerin an einer Schule in der Sowjetunion: »Kinder, wer von euch kann mir sagen, was eine Tragödie ist?«
Olga: »Gestern hat sich mein Brüderchen die Knie aufgeschlagen. Da hat Mama geschrien: Was für eine Tragödie!«
»Unsinn. Das ist keine Tragödie, das ist ein Unfall.«
Iwan: »Meiner Großmutter wurden die Pantoffeln gemopst, da hat sie gerufen: Was für eine Tragödie!«
»Das ist Pech, aber keine Tragödie.«
Alexej: »Gestern wurde ein Mann von der Straßenbahn überfahren. Da hat ein Augenzeuge gestöhnt: Was für eine Tragödie!«
»Das ist ein Unglück, keine Tragödie.«
Moische: »Stalins Tod. Das ist eine Tragödie.«
Die Lehrerin: »Richtig! Woher weißt du das?«
Moische: »Ich habe es mir ausgerechnet: Ein Unfall ist es nicht, Pech ist es nicht, ein Unglück ist es auch nicht – also was kann es schon anderes sein als eine Tragödie?«

Ein Jude ist nach Sibirien verbannt worden. Zuvor hat er noch mit seiner alten Mutter eine Art Geheimcode vereinbart: Er wird Briefe mit blauer Tinte schreiben, wenn es ihm gut geht, und mit roter Tinte, wenn es ihm schlecht geht.

Dann kommt der erste Brief: »Liebe Mutter, hier geht es mir sehr gut. Die Leute sind sehr nett, ich habe ein Häuschen ganz für mich, und jeden Tag bekomme ich Fleisch zu essen. Ich kann mich wirklich nicht beklagen. Herzlich grüßt Dich Dein Sohn.

PS: Das Einzige, was mir hier fehlt, ist rote Tinte.«

Bronstein hat angefangen Hebräisch zu lernen. Sein Freund fragt ihn, warum.

»Weil ich einen Ausreiseantrag nach Israel gestellt habe.«

»Aber diese Genehmigung wirst du nie bekommen.«

»Macht nichts. Im Paradies spricht man auch Hebräisch.«

»Und wenn du in die Hölle kommst?«

»Macht auch nichts. Russisch kann ich schon.«

Als Juden aus der Sowjetunion nach Israel ausreisen durften, kam ein Witz auf:

»Weshalb sind die jüdischen Säuglinge hübscher als die russischen?«

»Weil sie für den Export produziert werden.«

»Wie unterhält sich ein gescheiter russischer Jude mit einem dummen?«

»Von New York aus per Telefon.«

Weintraub will zum Sheriff gewählt werden. Er zieht von Haus zu Haus, um sich als Kandidat vorzustellen. Einmal öffnet ihm eine Frau. »Guten Morgen«, sagt Weintraub, »ich bin der Kandidat für das Amt des Sheriffs.«

»Sie wollen Sheriff werden?!«, geifert die Frau. »Sie gehören doch hinter Gitter, Sie Halsabschneider! Scheren Sie sich runter von meinem Grundstück, sonst lasse ich den Hund los!«
Nachdenklich geht Weintraub zu seinem Auto zurück, setzt sich ans Steuer, holt sein Notizbuch hervor und notiert: »Zweifelhaft.«

Die sehr patriotische Mrs. Pickford will ihre Weihnachtsgans mit ein paar einfachen Soldaten teilen. Sie ruft in der Kaserne an und lässt sechs Mann kommen. »Aber bitte keine Juden«, sagt sie dem Sergeant.
»Verstanden, Madam«, sagt der.
Am Weihnachtstag stehen sechs Schwarze im Ausgehanzug vor der Tür von Mrs. Pickford.
»Ihr Sergeant muss sich geirrt haben«, stammelt sie.
»Nein, Madam«, sagt einer der Schwarzen. »Sergeant Rosenfeld irrt sich nie.«

Ein Jude und ein Chinese geraten in Streit. Goldberg tadelt Li wegen Pearl Harbor. Li wehrt ab, Pearl Harbor sei von den Japanern bombardiert worden.
»Japaner oder Chinesen«, sagt Goldberg, »das ist doch dasselbe.«
Das Gespräch wendet sich dem Untergang der Titanic zu. Li fragt Goldberg, ob er sich schuldig fühle.
»Wieso? Schuld war der Eisberg.«
»Eisberg, Goldberg, das ist doch dasselbe.«

Kurz vor Hitlers Machtergreifung sitzt ein Nazi im Zug einem Juden gegenüber, zieht zwei Zeitungen hervor und erklärt: »Den ›Völkischen Beobachter‹ hier – den habe ich zur Belehrung. Und die ›Frankfurter Zeitung‹ – die habe ich zur Entleerung.«
Darauf der Jude: »Wird nicht lange dauern, und Ihr Hintern ist klüger als Ihr Kopf.«

Eine Schule in Deutschland, 1933.
»Wie lautet dein Vorname, Hinrichs?«
»Baldur.«
»Und deiner, Hartmann?«
»Knut.«
»Und dein Vorname, Rosenzweig?«
»Sie werden lachen, Herr Lehrer: Adolf.«

Ein Schweizer besucht einen jüdischen Freund in Hitler-
deutschland: »Wie kommst du dir vor unter den Nazis?«
»Wie ein Bandwurm! Tag und Nacht schlängle ich mich
durch die braunen Massen und warte, dass ich abgeführt
werde.«

Berlin 1933. Ein Jude beantragt eine Namensänderung. Der
Beamte: »Das ist nur in besonderen Ausnahmefällen mög-
lich. Es müssen schon starke Gründe vorliegen. Wie heißen
Sie denn?«
»Adolf Stinkfuß.«
»Dafür habe ich natürlich Verständnis. Wie wollen Sie denn
heißen?«
»Moritz Stinkfuß.«

»Rat, was ist das: Ohne i hat es jeder, mit i will es jeder sein.«
»Ich weiß nicht.«
»Arisch.«

Levi spaziert im Stadtpark und begegnet Seligmann, der auf
einer Bank sitzt und gemütlich den ›Völkischen Beobachter‹
liest. »Seligmann!«, schreit Levi entsetzt. »Wie kannst du diesen Dreck lesen?« »Das kann ich dir sagen«, erwidert Seligmann. »Wenn ich eine von unseren Zeitungen lese, bin ich
hinterher völlig deprimiert – nichts als Katastrophenmeldun-
gen: Juden aus dem Staatsdienst geworfen, Juden ist der

Arztberuf verboten, Juden dürfen nicht mehr Straßenbahn fahren, so geht es in einem fort. Hier dagegen steht, dass die Juden die Welt regieren, dass sie die Zügel der internationalen Finanz in der Hand halten, dass sie die Politik sämtlicher Länder kontrollieren und so weiter. Ich sage dir, Levi: die reinste Seelenmassage!«

Nazideutschland. Rothschild sitzt noch in Frankfurt. Sein Hund wird überfahren, aber niemand wagt, ihm die traurige Nachricht zu überbringen. Ein Hausierer kommt vorbei und sagt: »Das werde ich schon machen!«
Er lässt sich bei Rothschild melden und kommt bald wieder heraus – mit einem fürstlichen Trinkgeld! Die Umstehenden: »Wie hast du das gemacht?«
Der Hausierer: »Ich habe gesagt: Heil Hitler! Der Hund ist tot!«

»Kennst du die Geschichte, in der Hitler mit einem Strick in den Wald geht?« »Nein, aber sie fängt gut an!«

Zwei schwarzhaarige, adlernasige Herren kommen 1936 ins Berliner Hotel Kaiserhof und sagen zum Empfangschef: »Wer sennen zwa sponische Granden ind mechten zwa Zimmer mit Bod.«
Der Empfangschef weist sie ab. Nach zehn Minuten ruft die spanische Botschaft an: »Was fällt Ihnen ein, unsere Diplomaten vor die Tür zu setzen?«
»Oh … bitte um Verzeihung … aber die Art, wie die Herren sprachen?«
»Ach, die haben bei einem Emigranten Deutsch gelernt.«

Hauptbahnhof Innsbruck 1938. SS-Leute schleppen einige Juden zum Zug. Zwei Tiroler in Joppe und Lederhose schauen zu. Wendet sich der eine an seinen Nachbarn: »Dö san doch saudumm, dö Juden! Sollten sich a Lederhosen und a Joppen anziehen wie unseraner, und koa Mensch tät' wissen, dass sie Juden san!« Der andere: »Wemenem sogen Sie dos!«

1939 in Deutschland. Feingold lässt sich in einem Reisebüro einen Globus geben und überlegt: Die USA haben ihre Tore geschlossen. Palästina ist für Juden gesperrt. England lässt keinen mehr rein, und die südamerikanischen Staaten erteilen keine Visa mehr. Da wendet sich Feingold an einen Reisebüro-Angestellten: »Verzeihen Sie, haben Sie vielleicht noch einen anderen Globus?«

Nach 1945 wurden antisemitische Vergehen von der deutschen Justiz geahndet.
Nachkriegsdeutschland in den fünfziger Jahren. Auf einer Bundesstraße schleicht ein Mercedes. Ein VW versucht zu überholen, aber jedes Mal, wenn er ansetzt, tritt der Mercedesfahrer aufs Gaspedal und zieht davon. So geht das ein paar Mal, bis es dem VW an einer Kreuzung gelingt, vorbeizuziehen. Der VW hält, der Fahrer steigt aus, stoppt den Mercedes und geht auf den Mercedesfahrer zu: »Gestatten Sie eine Frage. Sind Sie Jude?« »Nein.« »Komm raus, du Schwein!«

Blau trifft Grün. »Ich habe dich gestern vor dem Rundfunkgebäude gesehen. Was hast du da gemacht?« »Mmmmich a-als Aaansager b-b-beworben.« »Und haben sie dich genommen?« »Nnnein, aaalles A-A-Antisemiten!«

Ein Jude sitzt unter einem Baum. Da fliegt ein Vogel heran und scheißt ihm auf die Jacke. Der Jude, kopfschüttelnd: »Und für die Gojim singen sie.«

Ein Rabbi und ein ehemaliger SA-Mann sitzen sich im Zug gegenüber. Fragt der SA-Mann: »Jud, kannst du mir sagen, warum wir den Krieg verloren haben?« Rabbi: »Ja. Wegen der jüdischen Generäle.« SA-Mann: »Wo denkst du hin, wir hatten keine Juden als Generäle.« Rabbi: »Aber die anderen!«

Ein Jude ist aus Deutschland nach Palästina geflohen. Nun betritt er das Heilige Land und seufzt: »Zweitausend Jahre haben wir umsonst um Rückkehr gebetet – und ausgerechnet mich muss es nun treffen!«

Zu Beginn der Nazizeit pendelt Levi zwischen Europa und Palästina hin und her. Als er zum dritten Mal in Palästina landet, fragt man ihn, welchen Sinn das hat. Levi: »Hier in Palästina ist es nicht gut, und in Europa ist es erst recht nicht gut, überall gibt es Zoff. Ruhe hat man nur auf dem Schiff.«

Wenige Jahre nach Gründung Israels organisiert die jüdische Gemeinde von Miami eine große Lotterie zur Unterstützung des jungen Staates. Erster Preis: eine Woche Aufenthalt in Israel. Zweiter Preis: zwei Wochen Aufenthalt in Israel. Dritter Preis: drei Wochen Aufenthalt in Israel.

Fünfziger Jahre. Ein sowjetischer Geheimagent wird nach Israel geschickt. Er soll in Tel Aviv Verbindung mit einem Spion namens Kohn aufnehmen. Die Parole lautet: »Die Sonne ist rot!«
Nach langem Suchen findet der Agent das Haus, in dem der Mann wohnen soll, aber er muss feststellen, dass nicht weniger als vier Parteien mit Namen Kohn hier wohnen.
Der Agent versucht sein Glück zuerst bei Kohn im Erdgeschoss. Er klingelt, und ein Mann öffnet die Tür: »Sie wünschen?«

»Die Sonne ist rot!«
»Ach so, Sie suchen den Spion Kohn. Der wohnt im dritten Stock rechts.«

Die israelische Regierung tritt zusammen, um über die schwere ökonomische Krise zu beraten. Der Wirtschaftsminister: »Ich sehe keinen anderen Ausweg, als den Vereinigten Staaten von Amerika den Krieg zu erklären. Natürlich werden wir den Krieg verlieren. Dann gibt uns Amerika Kredit zum Wiederaufbau, und es wird uns genauso gut gehen wie den Deutschen.« Alle Minister finden den Plan ausgezeichnet. Nur dem Kriegsminister kommen Bedenken: »Was ist, wenn wir den Krieg gewinnen?«

Militärübung in Israel. Eine Flussbrücke trägt für das Manöver das Schild: »Die Brücke ist gesprengt.«
Empört sieht der Hauptmann durch sein Fernglas, wie dennoch eine Gruppe Infanteristen seelenruhig über die Brücke marschiert. Zornig fährt er im Jeep heran und will die Soldaten anschnauzen. Da sieht er, dass sie ein Transparent tragen – Aufschrift: »Wir schwimmen.«

Die neu gebildete israelische Armee führt ein Manöver durch. Rekrut Mordechai sieht einen Mann der feindlichen Truppe vorbeirennen. Er legt das ungeladene Gewehr auf den Feind an und schreit: »Ratatatata!«
Der Feind läuft weiter.
Mordechai zornig: »Warum fällst du nicht? Ich habe dich eben erschossen!«
»Was heißt erschossen!«, entgegnet der Feind verächtlich. »Ich bin ein Panzer!«

Scharmützel an der Grenze zu Jordanien. Ein alter Jude geht mit zwei Tonkrügen voll Wasser zwischen den israelischen Soldaten umher und ruft: »Zwanzig Agorot der Krug!« Da reißt ihm eine Kugel einen der Krüge weg. Sofort ruft der Alte: »Vierzig Agorot der Krug!«

Der US-amerikanische Präsident, der sowjetische Generalsekretär und der israelische Ministerpräsident werden von Gott zum Abendessen eingeladen, und zwar, sagt Gott, »weil ich die drei wichtigsten Männer der Welt darüber informieren möchte, dass ich im nächsten Monat die Welt zerstören werde!«
Die drei fahren sofort in ihre Heimatländer zurück.
In Moskau angekommen, ruft der Generalsekretär die Staatsführung zusammen und erklärt: »Ich habe leider zwei schlechte Nachrichten. Erstens: Gott existiert. Zweitens: Im nächsten Monat wird er die Welt zerstören!«
Zurück in Washington, beruft der amerikanische Präsident einen Krisenstab ein und erklärt: »Ich habe eine gute und eine schlechte Nachricht. Zuerst die gute: Gott existiert. Die schlechte: Im nächsten Monat wird er die Welt zerstören!«
Nach seiner Rückkehr in Jerusalem tritt der israelische Ministerpräsident vor die Knesset und erklärt: »Ich habe zwei gute Nachrichten. Erstens: Ich gehöre zu den wichtigsten Männern der Welt! Zweitens: Sämtliche Probleme mit unseren arabischen Nachbarn sind in einem Monat gelöst!«

Benjamin Netanjahu übergibt die Regierungsgeschäfte an Ehud Barak. Dabei händigt er ihm auch drei Briefe aus und sagt ihm, dass zuvor Shimon Peres ihm diese drei Briefe überreicht habe und dass dies bis auf die Zeiten Ben Gurions zurückgehe. »Wenn sich die Lage zuspitzt«, sagt Netanjahu, »öffnen Sie Brief Nummer eins und folgen den Anweisungen. Wenn sich die Lage weiter verschlechtert, öffnen Sie Brief Nummer zwei. Wenn die Lage dramatisch wird, öffnen

Sie den dritten. Aber«, fährt Netanjahu fort, »öffnen Sie die
Briefe sonst unter keinen Umständen!«
Eines Tages kann Ehud Barak seine Neugier nicht mehr zü-
geln und öffnet den ersten Brief. Er liest: »Schieben Sie die
Schuld auf Ihren Amtsvorgänger!« Unzufrieden mit dieser
Auskunft, öffnet Barak den zweiten Brief: »Schieben Sie die
Schuld auf die Knesset!« Dann reißt er den dritten Brief auf:
»Bereiten Sie drei Briefe vor!«

Russlands Präsident Putin ist auf Staatsbesuch in den USA.
Auf dem Schreibtisch des amerikanischen Präsidenten im
Weißen Haus fällt ihm ein goldenes Telefon auf. »Das ist
meine Direktverbindung zu Gott«, erklärt George W. Bush.
Putin staunt: »Darf ich mal?«
»Aber gern.«
Putin spricht eine gute halbe Stunde mit Gott. Danach fragt
er seinen amerikanischen Kollegen nach dem Preis für das
Gespräch: 100 000 Dollar! Putin ist von den Socken, doch er
zahlt, ohne mit der Wimper zu zucken.
Ein paar Tage später führt ihn seine Auslandsreise nach Is-
rael. Im Büro des Ministerpräsidenten sieht er ein goldenes
Telefon. »Das ist die Direktverbindung zu Gott, stimmt's?«
Seine Frage wird bejaht. »Darf ich mal kurz?«
»Bitte.«
Putin unterhält sich diesmal fast zwei Stunden mit Gott.
Nachdem er aufgelegt hat, fragt er höflich, was er für das Ge-
spräch bezahlen muss.
»Fünfzig Cent«, erwidert der Israeli.
»Fünfzig Cent?!«, staunt Putin. »In Amerika habe ich für ein
viel kürzeres Telefonat eine Unsumme bezahlt!«
»Logisch«, erklärt der Ministerpräsident. »Hier war es ein
Ortsgespräch.«

In einem Café in Jerusalem sitzen ein Chirurg, ein Architekt
und ein Politiker und streiten sich, welcher Beruf der älteste
ist.

Der Chirurg: »Meiner, denn Gott hat Adam in den Schlaf versetzt und ihm eine Rippe herausgenommen: der erste chirurgische Eingriff unter Narkose.«

Der Architekt: »Aber bevor Gott Mann und Frau erschuf, formte er aus dem Chaos die Welt nach seinem Plan, nach seinem Bauplan: eine gewaltige architektonische Leistung.«

Da ruft der Politiker triumphierend: »Und wer, meint ihr, hat das Chaos gemacht?!«

Was ist Oderzutzer?

Hirsch findet seinen Freund Jankef in ein Buch vertieft. Jankef murmelt vor sich hin: »Zu Dionys, dem Tyrannen – e beesen Mejlach – schlich – is sich geschlochen – Möros, den Dolch – e Chalef – im Gewande – in sejn Malbesch –«
»Was machst du da, Jankef?«
»Ich daitsch mer den Schiller!«

»Ich mecht machen e Gedicht. Kannst du mir helfen? Ich such e Reim auf Form.«
»Auf Form? Sehr einfach: Worm.«
»Fein. Und auf Schirm?«
»Auf Schirm? Würm.«
»Großartig. Jetzt fehlt mir nur noch ein Reim auf Turm.«
»Turm? Turm? Auf Turm weiß ich leider keinen Reim.«

»Wo haste den Scherm?«
»Was sagst du Scherm? Es heißt Schirm.«
»Schirm, Scharm, Schorm, Schurm – es bleibt doch immer ein Scherm!«

Ein Wolgadeutscher ist angeklagt, Pferde gestohlen zu haben. Er kann kein Russisch, und weil kein Dolmetscher da ist, holt man einen Juden, der fließend Deutsch zu sprechen behauptet. Der Richter fragt den Angeklagten auf Russisch: »Weshalb habt Ihr die Pferde gestohlen?«
Der Jude: »Reb Daitsch, der Oden frejgt aich, farwos ir hot gelakchent die Sussim.«
Der Deutsche: »Ich verstehe nicht.«

»Was haißt, ir farschtejt nischt? Men frejgt aich, farwos ir hot gelakchent die Sussim!«
»Ich verstehe kein Wort!«
Darauf der Jude zum Richter: »Wasche Blagorodje, Deutsch versteht er auch nicht.«

»Ich will Ihnen ein Rätsel aufgeben – Sie verstehen doch Deutsch?«
»Joi, ech versteih.«
»Also: Wie kann man ein Ei unter zwei Personen teilen, ohne es zu öffnen oder zu zerbrechen?«
»Wues is dues: Oderzutzer?«

Ein Christ verklagt einen Juden wegen Beleidigung. Der Jude hat ihm »Chuzpe« vorgeworfen. Der Richter kennt das Wort nicht und bittet den Juden, es zu erklären. Der Jude meint, es sei unübersetzbar, aber bequemt sich dann, »Chuzpe« mit »Frechheit« zu verdeutschen.
»Allerdings«, fügt er hinzu, »ist es keine gewöhnliche Frechheit, sondern Frechheit mit Gewure.«
Der Richter: »Was ist Gewure?«
»Gewure – ist Kraft.«
»Chuzpe ist also eine kräftige Frechheit?«
»Ja und nein. Gewure ist nicht einfach Kraft, sondern Kraft mit Sechel.«
»Und was ist Sechel?«
»Sechel – ist Verstand.«
»Also ist Chuzpe eine kräftige, intelligente Frechheit?«
»Nnnein. Sechel, Herr Richter, ist nicht einfach Verstand. Es ist Verstand mit Taam.«
»Schön. Und was ist Taam?«
»Tja, Herr Richter, Taam ist eben etwas, was man nicht erklären kann.«

»Sag mal, is der Kohn eigentlich listig?«
»Meinste schloh oder froh?«
»Nu, ich mein', ob er is verschmitzt.«
»Konn sein, er woscht sich selten.«

Am Fahrkartenschalter. Der Beamte fragt, wohin.
»Will ach Eisenach.«
»Wollen Sie Villach oder Eisenach?«
»Will ach Villach, will ach Villach, will ach Eisenach, will ach Eisenach. Eisenach will ach.«

»Bilde einen Satz mit Aussee, Meran, Winterthur und Karlsbad!«
»?«
»Was sagen Sie, wie ich ausseh'! Sieht man mer an, dass ich hob gemacht e Wintertour nach Karlsbad?«
»Schön. Aber bilde du mir jetzt einen Satz mit Buenos Aires, Sarasate und Mississippi!«
»??«
»Bu, e Nos eire Sarah hat se, und mies is se, pi!«

»Wir werden zu Ostern ans Meer reisen.« »Meinen Sie Austern, das jüdische Fest, oder Ostern, die köstlichen Muscheln?«

Deutschstunde. Man behandelt den Akkusativ.
Lehrer: »Nehmen wir ein Beispiel. Ich gebe euch den Anfang des Satzes: Das Pferd springt über ... Moritz, bilde den Satz zu Ende!«
Moritz: »Das Pferd springt über dem, weil man es hat geschlagen.«

Ein aus Polen eingewanderter Jude will, dass sein Sohn fehlerfreies Deutsch und makellose Manieren lernt, und schickt ihn in ein berühmtes Internat. Nach einigen Monaten kommt der Vater zu Besuch und wird zum Direktor vorgelassen.
»Herr Direktor, was macht mein Sohn?«
Der Direktor schaut aus dem Fenster, wiegt sich träumerisch vor und zurück und sagt: »De Jingelach spillen im Gurten.«

Konjugation.
Der Chef sieht, wie der Lehrling ein Bonbon aus einem großen Glas stibitzt: »Was machst du da?!«
»Ich nemm mir Bonbon.«
»Du nemmst dir Bonbon? (Der Chef wendet sich empört an die anderen Angestellten:) Er nemmt sich Bonbon!«
Die Angestellten: »Wir nemmen uns immer Bonbon ...«
Chef: »Ihr nemmt euch immer Bonbon?! (Er hebt die Hände zum Himmel:) Sie nemmen sich immer Bonbon!!«

»Jossel, ich kann ein Substantiv konjugieren!«
»Blödsinn.«
»Doch! Hör zu: Seeschlacht. Ich seh schlacht, du sehst schlacht, er, sie, es seht schlacht ...«

Ein Mann will einen Papagei kaufen. Man führt ihm ein außergewöhnliches Exemplar vor. »Dieser Papagei kann jede beliebige Fremdsprache«, sagt der Händler. Der Mann testet den Vogel:
»Do you speak English?«
Der Papagei: »Yes.«
»Parlez-vous Français?«
»Oui.«
»Hablas Espanol?«
»Si.«

»Sprechen Sie Deutsch?«
»Ja.«
»Falas Portugues?«
»Sim.«
Der Mann denkt kurz nach, dann fragt er: »Kenst rejdn Jiddisch?«
Der Papagei: »Nu? Mit e Nos wie ich, wos glojbste?«

Ein jüdischer Flüchtling aus Nazideutschland kommt an den Schalter der Londoner U-Bahn und verlangt: »To Piccadilly.« Der Beamte gibt ihm zwei Tickets.
»No«, ruft der Flüchtling, »for Piccadilly!«
Der Beamte gibt ihm vier Tickets.
»Nein, Piccadilly!«, fleht der Jude auf Deutsch.
Der Beamte gibt ihm neun Tickets.

In der New Yorker U-Bahn. Eine Jüdin wendet sich an ihren rechten Nebenmann: »Kenst rejdn Yidish?«
»What's that?«
Sie wendet sich an den linken Nebenmann: »Kenst rejdn Yidish?«
»I beg your pardon, madam.«
Sie fragt ihr Gegenüber: »Kenst rejdn Yidish?«
»Ya, mameleh, ich sprecht Yidish.«
»Gott sei Dank, sogt mir, what time is ist?«

New York. Ein Mann geht in ein koscheres Restaurant und wird von einem chinesischen Kellner bedient. Groß ist das Erstaunen des Gastes, als der Kellner auch noch Jiddisch spricht! Er bittet den Geschäftsführer zu sich: »Wie kommt es, dass Ihr Kellner so gut Jiddisch spricht?« »Pst! Er denkt, es ist Englisch.«

Der Prediger hat lange gesprochen, mit wilden Gesten, aber viel zu leiser Stimme.

»Interessant«, meint ein Zuhörer. »Er predigt mit den Händen, und man hört mit den Augen!«

»Jankl, warum heute so schweigsam?«

»Bei der Kälte soll ich die Hände aus der Tasche nehmen?«

Kaffeehausgespräch: »In meinem Geschäft bräuchte ich vier Hände.«

»Wozu brauchst du vier Hände?«

»Ich bin im Export, ich muss dolmetschen.«

Ein alter Jude mit langem weißen Bart sieht zum ersten Mal ein Telefon. »Siehst du«, erklärt ihm sein Sohn, »mit der Linken nimmst du den Hörer ab, und mit der Rechten wählst du die Nummer.«

»Und womit rede ich?«, brummt der Vater.

»Da wird im Theater eine Pantomime aufgeführt – was ist das eigentlich?«

»Eine Pantomime ist: Man redet wie gewöhnlich, bloß man sagt nichts.«

Erster Weltkrieg. Blau hat Fronturlaub. Neugierig umringen ihn die Freunde: »Wie war es im Schützengraben?« »Schrecklich. Kaum sagt man ein Wort, hat man einen Schuss durch die Hand!«

Ein Schiff ist eine Meile vor der Küste gesunken. Alle Passagiere ertrinken – bis auf zwei Juden, und die sind Nichtschwimmer.

»Wie war das möglich?«, fragt man sie.

»Als das Schiff unterging«, erklärt der eine, »waren wir gerade in einem interessanten Gespräch. Da haben wir einfach weitergeredet, bis wir festen Boden unter den Füßen hatten.«

»Stell dir vor, der Aron hat sich im Schneesturm verirrt. Beide Hände sind ihm erfroren!«

»Beide Hände?! Womit redet er jetzt?«

Tel Aviv. Ephraim kommt vom Supermarkt, in jeder Hand eine riesige Einkaufstüte. Ein Fremder tritt auf ihn zu: »Können Sie mir sagen, wo die Moses-Mendelssohn-Straße ist?«

Ephraim: »Halten Sie bitte einen Augenblick die beiden Taschen!«

Dann, die Arme weit ausbreitend: »Weiß ich?!«

Der alte Rabbi erhält einen Brief von seinem Sohn. »Was schreibt er denn?«, fragt seine Frau.

»Ach, ach, o weh … seine Schwiegermutter, Friede ihrer Seele, ist nebbich gestorben. Seine Frau hat sich den Arm gebrochen. Das Kind ist krank, und die Geschäfte liegen darnieder … aber dafür ist der Brief in einem Hebräisch geschrieben! Ein Vergnügen zu lesen!«

Auf einer Bank im Park von Tel Aviv sitzt eine Großmutter mit ihrem Enkel. Der Enkel spricht Hebräisch, die Großmutter antwortet Jiddisch. Ein Banknachbar fragt verwundert: »Warum sprechen Sie Jiddisch und nicht Hebräisch mit dem Kind?«

»Warum?«, fragt die Großmutter zurück. »Weil er soll wissen, dass er is a Jid.«

Zweischock auf Klafünf

»Aron, kannst du mir erklären, was das ist: ein Reim?«
»Natürlich, Salo: Man macht, dass es gleich ist. Zum Beispiel:
>   Salomon Süß –
>   Brech dir die Füß'!«
»Ist das alles? Das kann ich auch:
>   Aron Kohn –
>   Brech dir den Hals!«
»Aber Salo, das ist doch nicht gleich!«
»Muss es denn gleich sein? Von mir aus in der nächsten
Woche.«

Zwei Juden treffen sich nach vielen Jahren wieder. »Was is
aus deinem Sohn geworden? Das war so a kluges Kind.«
»Mein Sohn is geworden a deutscher Dichter.« »A Dichter?
Was macht mer da?« »Nu, man schreibt, was sich reimt.«
»Was bedeutet das: sich reimen?« »Pass auf. Zum Beispiel:
>   Ich geh in Stall
>   Und lass a Prall.«
»Und davon lebt er?!«

Aufnahmeprüfung an der Universität Warschau. »Fräulein
Helena, worum ging es im Trojanischen Krieg?« »…« »Um
eine Dame! Wie hieß die Dame?« »…« »Aber sie hieß genau
wie Sie!« »Wie?! Rabinowiczówna?!«

In einer Unterhaltung fällt das Wort ›a priori‹. Frau Pollak:
»Was heißt: a priori?« »Von vornherein.« »Ah, verstehe! Jetzt
weiß ich auch, was das heißt: a posteriori!«

Blau kommt von der Arbeit früher nach Hause. Er spürt, dass seine Frau sehr verlegen ist. Er geht ins Schlafzimmer, öffnet den Kleiderschrank und entdeckt einen fremden Mann. Doch bevor er etwas sagen kann, greift seine Frau ein: »Jetzt reg dich bloß nicht auf. Gestern Abend im Theater hast du über dieselbe Szene noch Tränen gelacht!«

Ein Jude sitzt im Theater bei ›Maria Stuart‹. Es wird immer tragischer, und er weint bitter. Plötzlich sagt er zu sich selbst: »Mein Gott, was tu ich da? Ich kenne sie nicht, sie kennt mich nicht – was reg ich mich so auf?«

Jossele und seine Frau sitzen im Kino. Es ist dunkel. Beide haben daheim zu viel Pflaumenkompott gegessen und spüren Darmgrimmen. Rasch wollen sie hinaus. Sie schieben sich durch die Reihe, und dabei tritt Jossele der Dame, die den äußersten Platz innehat, kräftig auf den Fuß.
Als sie zurückkommen, flüstert Jossele zu der Dame auf dem Eckplatz: »Habe ich Ihnen vorhin auf den Fuß getreten?«
»Ja!«, flötet die Dame, die glaubt, Jossele wolle sich entschuldigen. Der wendet sich an seine Frau: »Komm, Sarah, in dieser Reihe haben wir gesessen!«

»Ich war gestern in der Oper.«
»War's schön?«
»Als ich hingegangen bin, war's schön. Auf dem Heimweg hat's geregnet.«
»Ich will nicht wissen, wie das Wetter war. Ich will wissen, was sie gegeben haben.«
»Zwanzig Mark.«
»Nein, ich meine: Was haben die Schauspieler gegeben?«
»Die sind umsonst reingekommen.«
»Verstehen Sie doch! Ich meine: In was waren Sie?«

»Im Anzug natürlich.«

»Ich frage Sie doch nicht, was Sie anhatten. Ich frage Sie: Was hat man gespielt?«

»Ach so. ›Tristan und Isolde‹.«

»Und – war's schön?«

»Nun, man lacht.«

Zwei Juden sitzen im ›Lohengrin‹. Es dauert drei Stunden, es dauert vier Stunden, es dauert fünf Stunden. Der Tenor beendet die Gralserzählung: »Sein Ritter ich, bin Lohengrin genannt.«

Da beugt sich der eine Jude zum anderen und fragt: »Wie heißt er?!«

In der Oper. Frau Korngold schwärmt: »Wie schön der Tenor singt!« Herr Korngold bleibt unbeeindruckt: »Na und? Wenn ich seine Stimme hätte, würde ich genauso schön singen!«

Oper. »Warum bedroht denn dieser Herr im Frack die Dame auf der Bühne mit dem Stock?« »Pst! Er bedroht sie nicht. Das ist der Dirigent!« »Wenn er sie nicht bedroht – warum quiekt sie dann so?«

Katzenstein geht mit Frau und Kind ins Konzert. Die Platzanweiserin sagt, sobald das Kind schreit, müssten sie gehen. Sie erhielten ihr Geld zurück, aber sie müssten gehen. Mitten im Konzert sagt Katzenstein zu seiner Frau: »Na, wie findest du's?«

»Lausig.«

»Ich auch. Zwick das Kind.«

Der Meister gibt ein Konzert in der Provinz. Es herrscht so großer Andrang, dass die Leute durch die geöffnete Tür bis an die Treppe stehen. Im Gedränge fragt Aron Finkeles seinen Nachbarn, während der Meister die sechste Liszt'sche Rhapsodie vorträgt: »Du, Salme! Geigt er oder bläst er?«

Ein Jude war auf Reisen und hat in Budapest den berühmten Pianisten Dreyschock gehört. Er kommt in seine Kleinstadt zurück und erzählt stolz: »Ich bin gegangen ins Konzert – hab ich gehört Zweischock auf Klafünf!« »Du meinst: Dreyschock auf Klavier!« »Ach, hab ich mir nur gemerkt: macht zusammen sieben!«

Eine jüdische Mamme kommt in die Garderobe eines Klaviervirtuosen. »Mein Sohn spielt wunderbar Klavier. Sie müssen ihn fördern.« »Tut mir Leid, so etwas mache ich prinzipiell nicht.«
Die Mutter lässt nicht locker. Schließlich bequemt sich der berühmte Klavierspieler, wenigstens ein Band anzuhören.
»Das war ausgezeichnet«, sagt er beeindruckt. »Ihr Sohn spielt wie Horowitz.«
»Das war Horowitz«, sagt die Mutter, »aber mein Sohn spielt wie er.«

Varieté in Tel Aviv. Ein Artist türmt Tische und Stühle übereinander, ganz oben balanciert er im Kopfstand auf einem Besenstiel und spielt dazu Geige.
Leise sagt Grünfeld zu seiner Frau: »Ein Menuhin ist er nicht.«

Ein Jude sitzt neben einem fremden Herrn im Varieté. Ein Wortakrobat tritt auf. Der Jude flüstert seinem Nachbarn zu: »Einer von uns!«

Eine Sängerin tritt auf. »Auch eine von uns«, sagt der Jude.
Ein Tänzer wirbelt über die Bühne. »Auch von uns«, erklärt
der Jude.
»O Jesus!«, stöhnt der Nachbar.
»Auch von uns«, bestätigt der Jude.

Zwei Juden gehen in eine Ausstellung moderner Kunst. Vor
einem Gemälde bleiben sie stehen.
»Das ist ein Porträt.«
»Nein, das ist eine Landschaft.«
Sie kaufen sich den Katalog und schauen nach – da steht:
»Mandelbaum an der Riviera.«
»Na bitte«, sagt der eine Jude. »Ein Porträt.«

Zwei Juden sitzen im Kaffeehaus. Einer ist blind. Fragt ihn
der andere: »Willst du ein Glas Milch?«
»Milch, was ist das?«, fragt der Blinde.
»Das ist eine weiße Flüssigkeit.«
»Was ist ›weiß‹?«
»Nun – weiß ist zum Beispiel ein Schwan.«
»Aha. Und was ist ein Schwan?«
»Ein Schwan ist ein Vogel mit einem langen krummen Hals.«
»Was meinst du mit ›krumm‹?«
»Krumm? Ich will mal meinen Arm krumm biegen, und du
tastest ihn ab.«
Der Blinde tastet den gekrümmten Arm ab: »Ja, jetzt weiß
ich, was Milch ist!«

Moische ist nach Argentinien ausgewandert. Gleich am Ha-
fen begegnet er David, der mit einem früheren Schiff gekommen ist. »Ein interessantes Land ist das«, sagt David. »Stell
dir vor, hier sind die Schwäne schwarz!«
Moische, konsterniert: »Und wie erzählt ihr hier den Witz
von dem Blinden und der Milch?«

Klein Moritz zu Klein Jankl: »Du, ich weiß was Neues. Zwei und zwei ist vier.«
Klein Jankl: »Ich weiß mehr. Zwei mal zwei ist auch vier.«
Klein Moritz nach langem Nachdenken: »Nun ja, aber da ist schon ein Dreh dabei.«

Lehrer: »Wie viel ist 8 + 7?«
Moritz: »Eine Mark fünfzig.«

Lehrer: »Was ist 2 + 2?«
Moritz: »Beim Kaufen oder Verkaufen?«

Der Mathematiklehrer betritt das Klassenzimmer. Die Schüler toben herum, niemand ist auf seinem Platz. Diesmal will der Lehrer ihnen eine Lektion erteilen.
»Michael, nenn mir eine zweistellige Zahl!«
Michael: »67.«
Lehrer: »Warum nicht 76? Setz dich, sechs! Birgit, nenn mir eine zweistellige Zahl!«
Birgit: »18.«
Lehrer: »Warum nicht 81? Setzen, sechs! Aron, nenn mir eine zweistellige Zahl!«
Aron: »33.«
Lehrer: »Warum nicht … Aron! Lass sofort diese jüdischen Kniffe!«

Ein Jude hat im Gasthaus gegessen und will zahlen. Der Wirt: »Suppe und Braten, macht sieben Kopeken, danach Likör und Gebäck, macht noch mal sieben Kopeken … sind zusammen elf Kopeken.«
Der Jude: »Ihr habt Euch verrechnet, sieben und sieben ist vierzehn.«
»Nein, mein Herr«, sagt der Wirt, »sieben und sieben ist elf,

das kann ich beweisen: Von meiner ersten Frau, Gott habe sie selig, habe ich vier Kinder. Dann habe ich eine Witwe geheiratet, die ebenfalls vier Kinder hatte. Gemeinsam haben wir noch drei Kinder bekommen. Sie hat also sieben Kinder, und ich habe sieben Kinder, und zusammen haben wir elf Kinder.«

In Pinczew wird die Stelle des Synagogendieners vakant. Der junge Isidor Karfunkel bewirbt sich, wird aber abgelehnt, weil er nicht lesen und schreiben kann. So wandert der junge Isidor nach Berlin aus, beginnt als Hausierer, macht dann ein eigenes Geschäft auf und wird schließlich ein reicher Bankier. In dieser Eigenschaft verhandelt er eines Tages in irgendeiner Sache mit dem Wirtschaftsminister des Deutschen Reiches, und als ihm der Vertrag zur Unterschrift vorgelegt wird, setzt Isidor drei Kreuze hin.

»Aber Herr Karfunkel«, drängt ihn der Minister, »unterschreiben Sie doch mit Ihrem Namen!«

»Ich kann nicht lesen und schreiben.«

»Mein Gott«, stammelt der Minister, »was hätte aus Ihnen erst werden können, wenn Sie lesen und schreiben gelernt hätten!«

»Das kann ich Ihnen ganz genau sagen: Synagogendiener in Pinczew.«

Ein Christ fragt einen Rabbi: »Wieso habt ihr Juden so viele begabte Leute: Wissenschaftler, Künstler, Kaufleute ...«

»Bei uns ist das so«, antwortet der Rabbi: »Wir erkennen gleich nach der Geburt, wenn ein Kind begabt ist, und dann erziehen wir es entsprechend.«

»Aber was macht ihr mit den weniger begabten?«

»Die lassen wir taufen.«

Wer bekommt das saubere Glas?

»Herr Doktor, hab ich einen Kack! Wenn Sie hineinbeißen, brechen Sie sich die Zähne!« »Sie, reden Sie anständig! – Nehmen Sie das hier ein.«
Bald danach begegnet der Patient seinem Arzt in der Synagoge und erzählt ihm strahlend: »Herr Doktor, mein Kack – Sie könnten gurgeln damit!«

Kohn kommt vom Arzt und trifft noch an der Tür zur Praxis seinen stotternden Freund, der ihn fragt: »Wa-wa-was ffehlt di-di-dir denn?«
»Prostataentzündung.«
»Wa-was i-i-ist d-d-denn das?«
»Weißt du: Ich pisse so, wie du redest.«

Ein Jude muss dringend Wasser lassen und stellt sich an eine Straßenecke, aber schon kommt ein Polizist und vertreibt ihn. Der Jude geht vorsichtig in einen Hinterhof und will sich erleichtern, aber da reißt ein altes Weib das Fenster auf und verjagt ihn. Verzweifelt irrt er weiter, da sieht er ein Schild: Dr. Soundso, Urologe. Er geht hinauf und wird vorgelassen: »Was fehlt Ihnen?«
»Herr Doktor, ich kann nicht pissen.«
»Das wollen wir untersuchen.«
Der Arzt holt einen Behälter und fordert den Patienten auf, es zu versuchen. Der Jude pisst und pisst und pisst, der Behälter schwappt fasst über. »Was reden Sie denn? Sie können doch ganz normal urinieren?!«
»Ja, wenn man mich lässt –!«

Ein Jude hat sich vom Arzt untersuchen lassen und legt ihm drei Rubel auf den Tisch. »Nein«, sagt der Arzt, »eine Untersuchung bei mir kostet zehn Rubel.«

»Entschuldigung, hat man mir gesagt: fünf!«

Ein armer Jude kommt mit einem Herzinfarkt ins Marienkrankenhaus und wird operiert. Hinterher befragt ihn die Oberschwester, wie er bezahlen will. »Haben Sie eine Krankenversicherung?«

Der Jude verneint.

»Dann wollen Sie bar bezahlen?«

Der Jude verneint, er hat kein Geld.

»Haben Sie irgendwelche Angehörigen, die für Sie zahlen können?«

»Ich habe nur eine Schwester in Köln«, sagt der arme Jude. »Aber sie ist konvertiert und eine Nonne geworden ... so eine richtige alte Jungfer.«

»Ich muss Sie verbessern«, fällt ihm die Oberschwester des Marienkrankenhauses ins Wort, »Nonnen sind keine alten Jungfern, sie sind mit Gott vermählt.«

»Ausgezeichnet«, sagt der arme Jude. »Dann schicken Sie die Rechnung bitte an meinen Schwager.«

1917. Die österreichische Kaiserin besucht ein Lazarett und tritt an das erste Bett: »Wie ist Ihr Name? Wo wurden Sie verwundet? Ihre Konfession?«

Auf die Antwort »katholisch« legt die Kaiserin fünf Zigaretten auf den Nachttisch.

Sie tritt an das zweite Bett. Der Mann ist protestantisch. Die Kaiserin legt ihm vier Zigaretten hin.

Da winkt eine schwer bandagierte Gestalt aus dem nächsten Bett: »Ich kriege drei!«

110

Die Schwester im Sanatorium: »Herr Isaaksohn, haben Sie ein Bad genommen?« »Warum, fehlt eins?«

Schlomo kommt aus der Badeanstalt nach Hause und jammert: »Gitl, ich habe in der Badeanstalt meine schöne Weste verloren.«
Nach einem halben Jahr geht Schlomo wieder in die Badeanstalt. Als er nach Hause kommt, strahlt er: »Gitl, ich habe meine Weste wieder! Ich hatte sie das letzte Mal versehentlich unter das Hemd gezogen!«

Kaffeekränzchen bei der neureichen Frau Pollak. Eine Freundin moniert: »Es ist alles so elegant bei dir, aber wieso hast du keine Zuckerzange?« »Wieso soll ich eine Zuckerzange haben?« »Na, weißt du, mancher Herr geht auf die Toilette, wäscht sich vielleicht nicht gründlich die Hände, und dann greift er mit den Fingern in die Zuckerdose, verstehst du?« Frau Pollak verspricht Abhilfe. Aber beim nächsten Kaffeekränzchen fehlt die Zuckerzange noch immer. Die Freundin pikiert: »Meine Liebe, wo ist denn nun die Zuckerzange?« Frau Pollak: »Nun, wo wird sie sein! Natürlich in der Toilette!«

Drei Juden im Gasthaus.
»Ich möchte Tee«, sagt der erste.
»Ich auch«, sagt der zweite.
»Ich möchte ebenfalls Tee«, sagt der dritte, »aber bitte in einem sauberen Glas.«
Nach ein paar Minuten kommt der Kellner mit den drei Tee und fragt: »Wer von den Herren bekommt das saubere Glas?«

Ein Jude bemerkt Speisereste im Bart eines anderen: »Ich kann dir sagen, was du gestern gegessen hast.« »Nun, sag.« »Linsensuppe.« »Falsch, vorgestern!«

Ein jüdischer Handelsreisender übernachtet in einer kleinen Herberge irgendwo im Osten. Am Morgen beschwert er sich beim Wirt: »Ich habe die ganze Nacht nicht schlafen können, so viele Wanzen waren in meinem Zimmer!«

»Seien Sie froh, dass es finster war«, erwidert der Wirt, »so haben Sie nicht alle sehen können.«

»Und jetzt in der Frühe, als ich mich waschen wollte«, fährt der Gast fort, »konnte ich vor lauter Fliegen das Wasser nicht sehen!«

»Sie haben sich zu früh waschen wollen«, entgegnet der Wirt, »um die Mittagszeit wäre es besser gewesen.«

»Wieso zur Mittagszeit?«

»Dann sind die Fliegen in der Küche.«

Das P im Namen Isaak

Ein Rabbi wird gefragt, worin die Weisheit des Talmud bestehe. »Ich will es dir an einem Beispiel erklären«, sagt der Rabbi. »Zwei Männer fallen durch einen Schornstein. Der eine bleibt sauber, der andere ist voller Ruß. Welcher wäscht sich?«

»Der voller Ruß natürlich.«

»Falsch! Der Saubere wäscht sich. Er sieht, dass der andere voller Ruß ist, und glaubt, er sei es auch. Der Rußige dagegen hält sich für sauber, weil er sieht, dass der andere sauber ist. Weiter! Die beiden fallen ein zweites Mal durch den Schornstein. Einer kommt rußig heraus, der andere sauber. Welcher wäscht sich?«

»Der Saubere.«

»Nein, beide. Der Rußige sieht, dass er rußig ist, also wäscht er sich. Der Saubere aber sieht den Rußigen, hält sich ebenfalls für rußig und wäscht sich auch. Aber weiter! Die beiden fallen wieder durch den Schornstein. Welcher wäscht sich?«

»Beide?«

»Wieder falsch. Keiner von beiden! Der Saubere sieht, dass er sauber ist, und braucht sich nicht zu waschen. Der Rußige aber sieht, dass der andere sauber ist, hält sich auch für sauber und wäscht sich nicht. Aber es geht noch weiter! Wieder fallen beide durch den Schornstein. Welcher wäscht sich?«

»Ich weiß es nicht.«

»Der Rußige natürlich! Weshalb sollte sich denn der Saubere waschen?! Der Rußige aber sieht doch, dass er rußig ist, und wäscht sich. Aber damit sind wir noch nicht fertig! Denn wieder fallen beide durch den Schornstein. Welcher wäscht sich?«

»Also gut ... nur der Rußige!«

»Eben nicht. Hat man je gehört, dass von zweien, die durch denselben Schornstein fallen, der eine rußig wird und der andere sauber bleibt? – Siehst du, das ist Talmud.«

Ein junger Jude will nach Amerika auswandern. Um Abschied zu nehmen, begibt er sich zu seinem Rabbi, der für seine außergewöhnliche Weisheit bekannt ist. Der Rabbi segnet ihn und gibt ihm einen sinnschweren Satz mit auf den Weg: »Das Leben ist wie ein Apfel.«
Beeindruckt von der Tiefe dieser Äußerung geht der junge Mann nach Amerika. Als er viele Jahre später hört, dass sein alter Rabbi im Sterben liegt, kehrt er zu einem letzten Besuch nach Europa zurück. »Rabbi«, sagt er zu seinem Lehrer, »ich habe eine einzige Frage. All die Jahre habe ich immer wieder an den Satz gedacht, den du mir auf den Weg nach Amerika mitgegeben hast. Er hat mir in schwierigsten Zeiten geholfen. Aber, um ehrlich zu sein: Seine Bedeutung habe ich nie ganz begriffen. Und jetzt, wo du in die Welt der Wahrheit eintreten wirst, bitte ich dich, mir den wahren Sinn dieser Worte zu erklären. Rabbi, warum ist das Leben wie ein Apfel?«
Mühsam hebt der sterbende Rabbi den Kopf vom Kissen und entgegnet matt: »Na gut, dann ist es eben nicht wie ein Apfel.«

Zwei Juden sinnieren. Plötzlich fragt der eine: »Was meinst du, denkt der Mensch von innen nach außen oder von außen nach innen?« Der andere nickt bedeutungsschwer: »Mein Schwager sagt: Ja.«

»Rabbi, warum ist es heiß im Sommer und kalt im Winter?«
»Das kann ich dir erklären: Im Winter muss man heizen. Wenn man heizt, wird es warm. Die Wärme steigt in die Höhe und sammelt sich oben in der Atmosphäre. Je mehr warme Luft sich ansammelt, desto schwerer wird sie wieder.

114

Folglich sinkt sie allmählich zu Boden, und darum ist es dann im Sommer heiß.«
»Und warum ist es im Winter kalt?«
»Das ist, weil man im Sommer nicht heizt.«

Rebbe, wie entsteht eigentlich Regen?«
»Weißt du, die Wolken sind wie große, nasse Schwämme. Wenn sie dann bei Wind aneinander stoßen, ist es so, wie wenn man Schwämme auspresst, und es kommt Wasser heraus.«
»Was habt Ihr für einen Beweis, Rebbe, dass es so ist?«
»Na, du siehst doch: Es regnet!«

Rabbi, weshalb wird der Mensch vom Schnaps betrunken?«
»Das ist, weil sich im menschlichen Körper auf der rechten Seite die guten Neigungen befinden und auf der linken die schlechten. Wenn der Magen sich nun mit Schnaps füllt, vermischen sich die guten Neigungen mit den schlechten, und so entsteht die Trunkenheit.«
»Aber weshalb geschieht nicht das Gleiche, wenn man Wasser trinkt?«
»Du Dummkopf! Hast du jemals gehört, dass man sich mit Wasser betrinken kann?!«

Rebbe, warum gibt es viel weniger Pferde auf der Welt als Rinder?«
»Das liegt an den Pferdedieben – sie stehlen nur Pferde, keine Rinder.«

Talmudstudent zum Rabbi: »Rabbi, was soll das P im Namen Isaak?« »Im Namen Isaak ist doch kein P!« »Warum ist keines drin?« »Was soll denn ein P im Namen Isaak?« »Das ist es eben, was ich frage.«

Zwei viel versprechende Absolventen der Talmudschule kandidieren für die Stelle eines Rabbiners. Sie wissen, dass die Prüfungskommission sie aufgrund eines Vortrags beurteilen wird, aber nur einer bereitet sich gründlich darauf vor, der andere vertraut seinem Improvisationstalent. Der erste verbringt die Nacht damit, seinen Text auswendig zu lernen, der andere muss ihm wohl oder übel zuhören – die beiden sind nämlich im selben Zimmer untergebracht.

Am nächsten Morgen tritt die Kommission zusammen. Die Kandidaten werden hereingebeten, und das Los will es, dass jener Kandidat beginnt, der improvisieren will. Dem fällt nichts Besseres ein, als den nächtlichen Sermon seines Konkurrenten Wort für Wort zu wiederholen.

Die Prüfer tauschen anerkennende Blicke aus. Dann ist der zweite Prüfling an der Reihe. Der weiß sich nicht anders zu helfen, als denselben Text – seinen eigenen Text, wie er ihn vorbereitet und die ganze Nacht gelernt hat – noch einmal runterzuleiern.

Diesmal tauschen die Prüfer überraschte Blicke aus. Wer bekommt die Stelle des Rabbiners?

Der zweite Kandidat natürlich, denn jemand, der eine Predigt nach einmaligem Anhören auswendig weiß, muss ein Genie sein.

Zwei Talmudschüler streiten, ob man beim Talmudstudium rauchen darf. Da sie sich nicht einigen können, geht der eine zum Rabbi und fragt: »Rabbi, darf man beim Talmudstudium rauchen?«

»Nein!«, entscheidet der Rabbi entrüstet.

»Du hast falsch gefragt«, wirft ihm der andere Schüler vor und geht seinerseits zum Rabbi. »Rabbi, darf man beim Rauchen den Talmud studieren?«

»Aber ja!«, entscheidet der Rabbi begeistert.

Zwei Talmudschüler disputieren, warum Juden eine Kopfbedeckung tragen müssen. »In der Thora steht kein Wort davon!«, sagt der eine. »Stimmt«, erwidert der andere, »wörtlich drin steht es nicht. Aber die Thora ist voller Hinweise. Da steht zum Beispiel: ›Und Abraham machte sich auf und ging von Ur nach Haran.‹ Glaubst du im Ernst, dass Abraham eine so weite Strecke ohne Kopfbedeckung gegangen ist?«

Drei Juden wetteifern, wer von ihnen am besten lügen kann.
Der erste: »Der Messias wird kommen.«
Der zweite: »Die Toten werden auferstehen.«
Kopfschüttelnd warnt der dritte: »Leise, Gott hört euch beide!«
Darauf die beiden: »Du hast gewonnen!«

Vor langer Zeit hat Gott die Welt erschaffen. Nun sitzt er auf seinem Thron, den Erzengel Gabriel zur Linken und Michael zur Rechten. Plötzlich macht er eine gereizte Handbewegung, als wolle er eine Stechmücke verscheuchen. »Schafft mir dieses lästige Insekt vom Leib!«
»Herr, das ist kein Insekt, sondern die Erde, die du selbst geschaffen hast! Erinnerst du dich nicht?«
»Erde, Erde … sagt mir nichts.«
»Denk doch mal nach«, insistiert Gabriel und zitiert: »Am Anfang schuf Gott Himmel und Erde. Und die Erde war wüst und leer … Erinnerst du dich?«
»Sehr vage«, erwidert der Allmächtige und wendet sich an Michael: »Weißt du noch was davon?«
»Ja, danach hast du das Licht gemacht und die Bäume, die Fische und Vögel. Und am sechsten Tag, Herr, hast du den Mann und die Frau erschaffen, Adam und Eva …«
»Langsam erinnere ich mich wieder.«
»Du hast sie in den Garten Eden gesetzt. Dort ist dann die ärgerliche Sache mit der Schlange passiert, die Adam und

Eva angestiftet hat, vom Baum der Erkenntnis zu essen. Das hattest du ihnen streng verboten, weißt du noch?«

»Ja, das weiß ich noch gut. Wie ist die Geschichte eigentlich ausgegangen?«

»Die beiden haben Eden verlassen«, sagt Gabriel. »Du hast sie verjagt!«

»Och, das war doch nur Spaß«, erwidert Gott sichtlich betrübt. »Von mir aus hätten sie ruhig bleiben können.«

Monsignore Beckenbauer und Rabbi Cruyff

Um 1930. Ein Jude aus New York und einer aus einem winzigen Städtchen in Osteuropa begegnen sich irgendwo auf der Welt. »Wie viele Juden gibt es in deinem Ort?«, fragt der New Yorker.

»Etwa 700.«

»Und wie viel Gojim?«

»Lass mich überlegen ... der Feuerwehrmann ist ein Goj, der Straßenkehrer ist ein Goj ... was man eben so braucht. Und wie viel Juden seid ihr in New York?«

»Über eine Million.«

»Und Gojim?«

»Was weiß ich ... vielleicht sieben oder acht Millionen.«

»Großer Gott! Was braucht ihr so viel Feuerwehrleute und Straßenkehrer?!«

Klein Moritz spielt mit Klein Erna, dem Pastorentöchterchen, im Schmutz. Moritz' Mutter kommt vorbei und sagt: »Du siehst aus wie ein Ferkel! Marsch unter die Dusche!« Klein Erna geht mit, und da sie genauso schmutzig ist, kommt sie gleich mit unter die Dusche. Moritz schaut verwundert: »Dass zwischen Christen und Juden so viel Unterschied ist, hätte ich nicht gedacht!«

Klirrender polnischer Winter. Zwei alte Juden, durchgefroren in ihren dünnen Mänteln, flüchten in eine katholische Kirche, um sich ein wenig aufzuwärmen. Zufällig legt dort gerade eine Schar Novizinnen ihr Ordensgelübde ab. Die ganz in Weiß gekleideten jungen Bräute Christi sehen ihrem heiligen Gemahl mit verzückten Gesichtern entgegen. In den

Bänken hinter ihnen drängen sich Freunde und Verwandte. Irgendwann wird man auf die beiden ärmlich gekleideten Juden aufmerksam, die in der letzten Bank Platz genommen haben. Ein Priester nähert sich ihnen: »Verzeihen Sie, meine Herren, darf ich fragen, was Sie hergeführt hat?«

»Sie dürfen«, erwidert einer der beiden Juden. »Wir sind von der Familie des Bräutigams.«

In einer Berliner Straßenbahn um 1930. Eine ältliche, dicke Teutonin fragt ihren dürren Nachbarn: »He, Jud, wie spät ist es?«

Der schmächtige Mann zieht eine Taschenuhr hervor und hält sie ihr hin – ohne den Deckel aufzumachen.

»Bei geschlossenem Deckel kann ich die Uhrzeit schlecht ablesen, Jud!«

»Aber gnädige Frau, wenn Sie durch meinen Hosenlatz hindurchsehen können und erkennen, dass ich Jude bin, sollte ein Uhrendeckel eigentlich kein Problem für Sie darstellen.«

Das Flugzeug nach Tel Aviv macht eine Zwischenlandung in Amsterdam. Ein großer, blonder, blauäugiger Norweger steigt ein und setzt sich neben eine New Yorker Jüdin. Sie schaut ihn immer wieder an und fragt endlich: »Entschuldigen Sie, sind Sie Jude?«

»Nein.«

Ein, zwei Minuten verstreichen, dann versucht es die Jüdin erneut: »Entschuldigen Sie, sind Sie ganz sicher, dass Sie kein Jude sind?«

»Ganz sicher!«

»Und Sie haben nicht zufällig einen jüdischen Großvater oder eine jüdische Großmutter?«

»Nein!«

»Dann verstehe ich nicht, warum Sie nach Tel Aviv fliegen. In Wahrheit sind Sie eben doch ...«

»Also gut!«, ruft der Norweger, der endlich seine Ruhe haben will. »Ja, ich bin Jude.«

»Na, so was!«, meint die andere. »Sie sehen nicht aus wie ein Jude!«

Vor 1914 durften Juden in Rumänien nur mit einer besonderen Konzession Grundbesitz erwerben.

Solch ein Begünstigter stirbt. Da er keine Kinder hat, wird ein Neffe das Gut erben. Doch die Aussicht, dass er konzessioniert wird, ist gering. Also wird er die Domäne wohl verkaufen müssen.

Als der Erbe frühmorgens auf dem Gut eintrifft, warten die Händler schon. Einem gelingt es, ins Haus einzudringen und zum Erben vorzustoßen: Der steht da, in den Gebetsmantel gehüllt, die Gebetskapsel an der Stirn und den Gebetsriemen am Arm, schaukelt ekstatisch vor und zurück und rezitiert das Morgengebet.

Der Agent wartet höflich ein wenig, dann greift er ein: »Verzeihen Sie«, flüstert er, »dass ich Sie im Gebet störe, aber Sie werden doch ohne Zweifel das Gut Ihres Onkels verkaufen müssen …«

Der Neffe schüttelt den Kopf und macht eine abwehrende Bewegung mit der Hand.

»Seien Sie doch vernünftig«, beharrt der Agent, »es hilft doch nichts. Sie werden das Gut nicht übernehmen können …«

Der Neffe schüttelt zornig den Kopf und betet mit doppelter Lautstärke weiter.

»Ich verstehe, dass Sie das ärgert«, insistiert der Agent, »aber da es unvermeidlich ist …«

Der Neffe, außer sich vor Zorn, rezitiert jetzt laut wie ein Vorbeter in der Synagoge.

»Das ist doch zwecklos«, dringt der Agent weiter auf ihn ein, »als Jude …«

In diesem Augenblick hat der Neffe sein Gebet beendet. Er legt den Gebetsmantel zusammen, rollt die Gebetsriemen auf und sagt in äußerstem Zorn: »Was heißt hier Jude? In zehn Minuten bin ich getauft. Im Nebenzimmer wartet der Pope nebbich schon eine volle Stunde auf mich!«

Moses Levi will zum protestantischen Christentum übertreten und sich bei dieser Gelegenheit auch einen neuen Namen zulegen. Der Pastor fragt ihn, ob er sich schon für einen bestimmten entschieden habe.
Moses Levi: »Jawohl, ich möchte künftig Martin Luther heißen.«
Pastor: »Nein, das geht nicht! Warum wollen Sie ausgerechnet den Namen unseres erhabenen Religionsstifters wählen?«
Moses Levi: »Das ist, damit ich das Monogramm in meiner Wäsche nicht ändern muss.«

»Gestatten, Krohn.«
»Angenehm, Asch. Auch Jude?«
»Nein, katholisch.«
»Dann möchte ich wissen, Herr Krohn, woher haben Sie das R?«
»Ganz einfach, Herr Asch, aus Ihrem Namen!«

Bankier Bockenheimer in Frankfurt hat sich taufen lassen. Tags darauf grübelt er im Büro, wie er seinem Personal am besten die Nachricht von seinem Glaubenswechsel beibringen kann. Endlich entschließt er sich, reißt die Verbindungstür auf und ruft hinein: »Gute Morje, ihr Judde!«

Ein amerikanischer Jude will wissen, was er tun muss, um getauft zu werden. Der Reverend sagt ihm, er soll glauben, dass die Jungfrau Maria die Mutter Christi sei, dass Jesus Christus Gott und Mensch zugleich sei, und dass Jesus ge-

122

storben, aber nach drei Tagen wieder lebendig gewesen sei. Dafür erhalte er 1000 Dollar. Nach einigen Tagen kommt der Jude mit einem Freund wieder: »Mein Freund hier wird glauben, Maria war eine Jungfrau, und ich werde glauben, sie sei die Mutter. Er wird glauben, Jesus ist Gott, und ich werde glauben, er war ein Mensch. Er wird glauben, Jesus ist gestorben, und ich werde glauben, Jesus war nach drei Tagen lebendig. Dafür bekommt jeder von uns 500 Dollar.«

Der Sohn hat sich taufen lassen. Der Rabbi macht dem Vater bittere Vorwürfe. »Wenn eines Tages Gott Sie anklagen wird: ›Wie konntest du zulassen, dass dein Sohn sich taufen lässt!‹ – was werden Sie Gott dann sagen?«
»Ich werde ihm sagen: Nun, und Ihr Herr Sohn?«

Eine Variante:
Abe trifft Mel. »Ach Mel, du kennst doch meinen Sohn. Er war der beste Junge, den ein Vater sich wünschen kann. Er war fleißig, der beste Absolvent seiner Universität, und zur Belohnung habe ich ihn nach Israel geschickt. Und was macht er? Er kommt zurück als Goj.«
»Ach Abe, auch mein Sohn war gut. Der beste Jurist weit und breit. Ich dachte, bevor er bei mir in der Kanzlei anfängt, schicke ich ihn zur Belohnung nach Israel. Und was macht er? Er kommt zurück als Goj!«
Abe und Mel fahren nun selber nach Israel. Sie stehen an der Klagemauer und erzählen Gott ihr Leid. Da ertönt ein ungeheurer Donnerschlag, und eine gewaltige Stimme schallt vom Himmel: »Ihr glaubt Probleme zu haben?! Was soll ich erst sagen! Ich habe einen feinen Sohn namens Jesus, er steigt ins Familiengeschäft ein, ich schicke ihn nach Israel, damit er der Messias wird, und was macht er? Er kommt zurück als Goj!«

Goldstein hat eine Nägelfabrik. Als er in Urlaub nach Israel fährt, fragt er seinen Sohn Ruben: »Kannst du solange die Geschäfte führen?« »Kein Problem«, sagt Ruben.

Goldstein fährt ab, und als er zurückkehrt, stellt er fest, dass Ruben in seiner Abwesenheit den Umsatz verdreifacht hat. Goldstein hoch erfreut: »Wie hast du das gemacht?«

»Ganz einfach«, sagt Ruben und holt ein Reklameplakat hervor: Es zeigt Jesus am Kreuz, und darunter steht in fetten Lettern »Voller Erfolg mit Nägeln von Goldstein!«.

Der Vater, ein angesehenes Mitglied der Gesellschaft, ist entsetzt: »Wie kannst du mich so bei meinen christlichen Geschäftsfreunden in Verlegenheit bringen! Tu das nie wieder!«

Im Jahr darauf fährt Goldstein erneut nach Israel und fragt Ruben, ob er die Geschäfte in der Zwischenzeit führen kann. »Kein Problem«, sagt Ruben.

Als Goldstein zurückkehrt, stellt er fest, dass Ruben in seiner Abwesenheit den Umsatz sogar versechsfacht hat. Goldstein hoch erfreut: »Wie hast du das diesmal gemacht?«

»Ganz einfach«, sagt Ruben und holt das neue Reklameplakat: Es zeigt Jesus am Boden liegend, und darunter in fetten Lettern »Ohne Nägel von Goldstein – der totale Reinfall!«.

Ein junger Mann kommt zum Rabbi und erbittet seinen Rat: Er wisse nicht, ob er heiraten soll oder nicht.

»Der Vater ist ein angesehener und gebildeter Mann.«

»Also heirate.«

»Aber die Tochter ist hässlich.«

»Dann heirate nicht.«

»Sie bekommt eine reiche Mitgift.«

»Dann heirate sie.«

»Aber sie hinkt.«

»Dann heirate sie nicht.«

»Der Vater will mich als Teilhaber nehmen.«

»Dann heirate.«

»Aber die Tochter ist zänkisch.«

»Dann heirate nicht.«

»Ja, welchen Rat gebt Ihr mir nun?«

Nach langem Nachdenken sagt der Rabbi: »Ich rate dir, dich taufen zu lassen.«

»Aber Rabbi, wozu?«

»Dann würdest du dem Pfarrer auf die Nerven gehen und nicht mir.«

Ein Jude tritt auf dem Sterbebett zum Christentum über. Nachdem der Priester das Ritual vollzogen hat, flüstert der Sterbende ihm leise ins Ohr: »Lachen tät ich, wenn ich jetzt in die Hölle käme!«

Munkeles ist frisch konvertiert. Gleich bei der ersten Beichte stiehlt er dem Pfarrer die Uhr und beichtet: »Ich habe eine Uhr gestohlen. Es bedrückt mich. Darf ich die Uhr Ihnen geben, Hochwürden.« »Was fällt dir ein!«, wehrt der Pfarrer ab. »Ich nehme sie nicht. Gib die Uhr dem Eigentümer zurück.«

Munkeles: »Das habe ich versucht. Er will sie nicht.«

Pfarrer: »Dann brauchst du dich nicht weiter bedrückt zu fühlen und kannst die Uhr mit gutem Gewissen behalten.«

Ein Jude ist zum Katholizismus konvertiert. Zufällig trifft ihn der Pfarrer am nächsten Freitag in einem Restaurant. Obwohl Fasttag ist, verspeist der Jude mit Genuss einen Schweinebraten. Als er die zornige Miene des Pfarrers bemerkt, rechtfertigt er sich: »Hochwürden, das ist kein Schwein, das ist Fisch!«

Der Pfarrer beharrt: »Ich sehe, was ich sehe!«

Der Jude: »Glauben Sie mir, Hochwürden. Ich habe es genauso gemacht wie Sie. Sie haben mich mit Wasser besprizt und gesagt: Du warst ein Jude, jetzt bist du ein Christ. Also habe ich den Braten mit Soße übergossen und gesagt: Du warst ein Schwein, jetzt bist du ein Fisch.«

Ein Priester in New York sieht drei Kinder auf der Straße spielen. »Ich gebe euch einen Dollar, wenn ihr mir sagt, wer der größte Mann der Welt war!«

Ein Mädchen: »Kennedy!«

»Nein«, sagt der Priester, »den meine ich nicht.«

Ein Junge mit roten Haaren: »Der heilige Patrick, weil er das Christentum nach Irland brachte!«

»Nein, den meine ich auch nicht.«

Da meldet sich das Kind mit den Schläfenlocken: »Es war Jesus Christus.«

»Genau«, sagt der Priester und gibt dem kleinen Juden einen Dollar. »Aber wie kommt es, dass ausgerechnet du das weißt?«

Der Junge steckt das Geld ein und antwortet: »Na ja, für mich ist Moses der Größte. Aber Geschäft ist Geschäft.«

Ein katholischer Priester, ein evangelischer Pastor und ein Rabbi haben die Internationale Raumstation besucht und drei Tage die Erde umkreist. Bei ihrer Landung wartet bereits die Presse, um sie nach ihren Eindrücken zu fragen. Als Erster steigt der Pfarrer aus. Glückstrahlend in seiner schmucken Soutane berichtet er, wie herrlich es war, Gottes Schöpfung aus dem All zu betrachten. »Ich sah die riesigen Kontinente, ich sah die gewaltigen Weltmeere.«

Danach steigt der Pastor in seinem schönen Talar aus. Begeistert berichtet er, wie ihn die Schönheit des Kosmos überwältigt hat. »Ich sah die wundervolle Erde, ich sah die majestätische Sonne.«

Dann steigt der Rabbi aus, die Kleidung in völliger Unordnung, wirr der Bart, die Kipa schief auf dem Kopf, die Gebetsriemen zerknuddelt. Man fragt ihn: »Rabbi, wie war der Flug?«

Der Rabbi ringt die Hände: »Ojojoj! Zweiundsiebzig Stunden ständiger Sonnenauf- und -untergang! Gebetsriemen an, Gebetsriemen ab! Morgengebet, Abendgebet! Morgengebet, Abendgebet! Ojojoj!«

Ein katholischer Pfarrer, ein evangelischer Pastor und ein Rabbi sprechen darüber, was sie mit den Einnahmen ihrer Gemeinde machen.

Der Pfarrer: »Ich male einen Kreis auf den Boden und stelle mich hinein. Dann gebe ich das Geld in einen Hut, werfe es hoch, und was in dem Kreis landet, gehört dem Herrn.«

Der Pastor: »Ich mache es fast genauso. Ich gebe alles Geld in einen Hut, werfe es hoch, und was wieder im Hut landet, gehört Gott.«

Der Rabbi: »So ähnlich mache ich es auch. Ich gebe alles Geld in einen Hut, werfe es in die Luft, und was Gott sich schnappt, gehört ihm.«

Ein Priester, ein Pastor und ein Rabbi streiten sich, wer von ihnen die größeren Wunderkräfte besitzt.

Der Priester: »Eines Tages wurde ich auf dem Heimweg von einem Schneesturm überrascht. Ich konnte die Hand vor Augen nicht sehen und wusste nicht mehr, wo ich langgehen konnte. Ich betete zu Gott – und da geschah das Wunder: Obwohl der Sturm weitertobte, konnte ich mein Haus in zwanzig Metern Entfernung klar vor mir sehen!«

Der Priester: »Das ist nichts Besonderes. Ich war einmal mit einem kleinen Ruderboot auf See, als ich von einem Wirbelsturm überrascht wurde. Zehn Meter hohe Wellen rollten über mich hinweg, und ich war sicher, dass das Boot gleich kentern würde. Ich betete zu Gott – und da geschah das Wunder: Während der Wirbelsturm ungebrochen weiterwütete, beruhigte sich die See unmittelbar um mein Boot herum, und ich konnte sicher an Land rudern.«

Der Rabbi: »Wenn das alles ist ... Ich war einmal an einem Sabbat auf dem Heimweg von der Synagoge, als ich ein Bündel Tausendmarkscheine auf dem Bürgersteig sah. Da es Sabbat war, durfte ich das Geld nicht anrühren. Ich betete zu Gott – und da geschah das Wunder: Während überall Sabbat war, war unmittelbar um mich herum noch Donnerstag!«

Ein Priester, ein Pastor und ein Rabbi streiten über den Beginn des menschlichen Lebens.

»Das Leben beginnt mit der Zeugung!«, erklärt der Priester mit Entschiedenheit.

»Da sind wir etwas toleranter«, meint der Pastor. »Das Leben beginnt mit der Geburt.«

»Nein«, sagt der Rabbi. »Nach meinen Erfahrungen und allem, was ich gehört habe, beginnt das Leben, wenn die Kinder aus dem Haus sind und der Hund tot ist.«

Ein katholischer Pfarrer, ein evangelischer Reverend und ein Rabbi werden bei einer Partie Poker erwischt. Sie kommen vor Gericht.

Der Richter: »Haben Sie gepokert, Father?«

»Nein, Euer Ehren.«

»Und Sie, Reverend?«

»Auch nicht, Euer Ehren.«

»Und Sie, Rabbi, haben Sie gepokert?«

»Mit wem, Euer Ehren?«

Zu den Olympischen Spielen will der Papst eine Fußballmannschaft des Vatikans antreten lassen. Zur Verstärkung verpflichtet er Franz Beckenbauer, ernennt ihn kurzerhand zum Prälaten, und schon kann Monsignore Beckenbauer für den Vatikan spielen.

Dennoch verliert der Vatikan gleich das erste Spiel gegen Israel.

»Aber wie konnte das passieren?«, fragt der Papst. »Bei uns hat immerhin Monsignore Beckenbauer gespielt!«

»Schon, aber der Rabbiner Cruyff war eben noch besser.«

Ein Priester, ein Pastor und ein Rabbi werden vom Papst in Audienz empfangen.

Der katholische Priester kniet nieder und küsst dem Papst die Hand.

Dann winkt der Papst dem evangelischen Pastor: »Sie dürfen meinen Fuß küssen.«

Hierauf wendet sich der Papst dem Rabbi zu. Doch bevor er etwas sagen kann, macht der Jude kehrt und sagt: »Ich kann es mir schon denken. Ich gehe lieber!«

In einem Wiener Kaffeehaus sitzen an zwei benachbarten Tischen ein Mönch aus dem Kapuzinerkloster und ein Rabbiner.

Der Rabbiner bestellt, mit maliziösem Blick auf seinen Nachbarn, einen »Kapuziner«.

Der Kellner zum Mönch: »Und Sie, Hochwürden?«

»Mir bringen Sie einen Rabbiner!«

»Was soll das sein, ein ›Rabbiner‹?«

»Einfach dasselbe, nur mit ein bisschen weniger Haut.«

Ein Priester, ein Pastor und ein Rabbi kaufen sich zur gleichen Zeit am gleichen Ort ein Auto.

Am nächsten Wochenende sieht der evangelische Pastor, wie der katholische Priester mit einem Eimer Wasser zu seinem Auto geht und ihn darübergießt. »Klar«, sagt sich der Pastor, »das muss sein.« Also holt auch er einen Eimer Wasser und gießt ihn über sein Auto.

Nachdem der Rabbi das alles gesehen hat, denkt er kurz nach, holt eine Säge, geht zu seinem Auto und sägt ein Stück vom Auspuff ab.

Ein buddhistischer Mönch, ein Rabbi und ein katholischer Bischof machen eine Bootsfahrt.

Nach einer Weile verkündet der buddhistische Mönch, er habe Hunger und gehe etwas essen. Schon steigt er aus dem Boot und läuft über das Wasser ans Ufer.

Der Rabbi meint, er sei auch hungrig, steigt ebenfalls aus und läuft über das Wasser ans Ufer.

Der katholische Bischof traut seinen Augen kaum, aber denkt: Was die können, kann ich auch! Er steigt aus dem Boot, um übers Wasser zu laufen, und versinkt.

Da rufen die beiden vom Ufer: »Du musst schon auf die Steine treten!«

Ein Christ prahlt vor einem Juden: »Mein Sohn hat Abitur gemacht!«

»Wozu braucht ein Christ Abitur?«

»Er kann Theologie studieren und Priester werden.«

»Na, und?«

»Er kann sogar Bischof und Kardinal werden.«

»Na, und?«

»Er kann sogar Papst werden.«

»Na, und?«

»Na und, na und«, platzt dem Christen der Kragen: »Papst ist das Höchste, was es gibt! Soll er vielleicht noch Gott werden?«

»Warum nicht? Einer von den Unsrigen hat es geschafft.«

Der evangelische Pastor kommt in den Himmel. Petrus übergibt ihm einen VW in Anerkennung seiner treuen Dienste.

Nicht lange, da begegnet er einem katholischen Pfarrer. Der fährt einen Cadillac! »Warum das?«, will der Pastor wissen. »Warum ist er mehr als ich?«

»Nun ja, der Zölibat«, sagt Petrus, »dafür muss er entschädigt werden.«

Kurz danach sieht er den Rabbi. In einem Rolls-Royce!

»Also der hat kein Zölibat und nichts! Ich wünsche eine Erklärung, warum –«

Petrus legt den Finger auf den Mund: »Pst! Ein Verwandter vom Chef!«

Priester zum Rabbi: »Heute Nacht träumte mir, ich sei im jüdischen Himmel. So viele Leute! Und ein Geschrei und ein Gestank nach Knoblauch, nicht auszuhalten!«

Der Rabbi: »Mir träumte heute Nacht, ich sei im katholischen Himmel. Eine himmlische Ruhe! Wohlgerüche! Und weit und breit kein Mensch.«

Glossar

Bar-Mizwa Das aramäisch-hebräische Wort bedeutet »Sohn des Gebots«, wobei »Gebot« für die religiösen und rituellen Vorschriften steht, die auf Bibel und Talmud zurückgehen. Mit dem vollendeten dreizehnten Lebensjahr wird der jüdische Junge in die Glaubensgemeinschaft aufgenommen und übernimmt alle Rechte und Pflichten des erwachsenen Mannes. Das Wort »Bar-Mizwa« meint beides: erstens den dreizehnjährigen Knaben selbst und zweitens seine Aufnahme in die Glaubensgemeinschaft (welche insofern der Konfirmation bzw. Firmung entspricht, mit dem die jungen Protestanten bzw. Katholiken religionsmündig werden). Seit den 1920er Jahren gibt es für die jüdischen Mädchen mit vollendetem zwölften Lebensjahr die Bat-Mizwa, wörtlich »Tochter des Gebots«.

Bart In 3 Mose 19,27 heißt es: »Ihr sollt euer Haar am Haupt nicht rundherum abschneiden noch euren Bart gar abscheren.« Deshalb tragen orthodoxe Juden einen Bart und schneiden sich auch die Strähnen an den Schläfen nicht ab. (Siehe Stichwort »Schläfenlocken«)

Baruch ha-Schem Hebräisch »baruch« heißt »gelobt, gesegnet«; die Formel bedeutet wörtlich »gelobt sei der Name«, freier übersetzt: »gottlob, Gott sei Dank«.

Beschneidung Die männliche Beschneidung war im alten Ägypten als Initationsritual üblich und markiert bis heute bei einigen afrikanischen Stämmen den Übergang des Jungen ins Mannesalter. Im Judentum ist sie zwingend vorgeschrieben: Männlichen Säuglingen wird am achten Tag die Vorhaut entfernt. (Deshalb gilt der 1. Januar als »Tag der Beschneidung Christi«, 1960 vom Vatikan verschämt in »Oktav des Herrn« umbenannt.) Die Beschneidung gilt als Symbol des Bundes mit Gott: »Ihr sollt aber die Vorhaut an eurem Fleisch abschneiden. Das soll ein Zeichen des Bundes sein zwischen mir und euch«, spricht Gott zu Abraham (1 Mose 17,11). Traditionell wird die abgeschnittene Vorhaut am Ort der Operation begraben.

Bibel Die jüdische Bibel entspricht dem Alten Testament. Das Neue Testament gehört nicht dazu. Auch die zwei Bücher der Makkabäer zählen – wie bei den protestantischen Christen – nicht dazu.

Broche Das jiddische Wort geht zurück auf hebräisch »baracha« und bedeutet »Segen«.

Chassid (Plural: Chassidim; wörtlich: »der Fromme«) s. Chassidismus.

Chassidismus Eine im 18. Jahrhundert entstandene schwärmerische Erweckungsbewegung des osteuropäischen Judentums; einzelne Gemeinden bestehen heute in Nordamerika und Israel. Gebildet hat sie sich als Reaktion auf die trostlose Lage nach den Massakern der Kosaken zwischen 1648 und 1656, denen im damaligen Ostpolen an die fünfhunderttausend Juden (und Hunderttausende Polen) zum Opfer fielen, und nachdem zwanzig Jahre später der Möchtegern-Messias Sabbatai Zwi schmählich gescheitert war: Vom Sultan 1676 vor die Wahl zwischen Hinrichtung oder Konversion gestellt, trat er zum Islam über.

Viele Juden, deren Vorfahren einst aus Deutschland in den Osten ausgewandert waren, zogen in der Folgezeit zurück in den Westen. Desillusioniert wandten nicht wenige der im Land verbliebenen Glaubensgenossen den Blick nach innen, Richtung Seele. Israel ben Elieser, genannt Baal Schem Tow (»der Meister des göttlichen Namens«; 1699–1760) wurde zum Stifter des Chassidismus.

Der Chassidismus trotzt der Buchgelehrsamkeit; mehr als trockenes Studium und nüchternes Wissen gilt ihm die von Herzen kommende Frömmigkeit. Nicht durch Bibelkenntnis, Talmudlernen und die genaue Befolgung starrer Vorschriften, sondern durch Ekstase, vorbereitet durch Gebet, Tanz und Gesang, wollen sich die Chassiden Gott nähern und im Zustand der Verzückung eins mit ihm werden.

Statt Bildung und Talmudkenntnis zählen inbrünstige Hingabe und Ausstrahlungskraft: Die Gläubigen sammeln sich nicht um einen ordinierten Rabbiner, sondern um einen charismatischen Zaddik (»der Gerechte«). Der hatte aufgrund seiner mystischen Einheit mit Gott einen besonderen Blick, mit dem er zum tiefsten Grund der Seele vordrang, konnte in jeder Lage den richtigen Ratschlag geben und galt daher als Wundertäter – daher die deutsche Bezeichnung »Wunderrabbi«.

Die Chassiden waren Gegner der Aufklärung und des Fortschritts. Bereits die Talmudgelehrten des 18. Jahrhunderts bekämpften den Chassidismus als Ketzerei; vor allem die Haskala, die ostjüdische Aufklärungsbewegung des 19. Jahrhunderts, stand in scharfer Feindschaft gegen den Chassidismus.

Chelm Das jüdische Schilda. Heute ist Chelm eine 60 000 Einwohner zählende polnische Stadt wenige Kilometer vor der Grenze zur Ukraine.

Gebetsmantel (hebräisch: Tallit) Ein viereckiges Tuch mit den »Zizit« genannten Fransen. In 4 Mose 15,38 f. gebietet Gott den Juden, »dass sie sich Quasten machen an den Zipfeln ihrer Kleider (...); und sollen euch die Quasten dazu dienen, dass Ihr sie ansehet und gedenket aller Gebote des Herrn und tut sie, dass ihr nicht von eures Herzens Dünken noch von euren Augen euch umtreiben lasset und abgöttisch werdet.« Die meisten Juden begnügen sich mit einem schmalen Tuch, einem Gebetsschal, Ostjuden jedoch verwenden eine entsprechend größere Decke als Mantel.

Gebetsriemen (hebräisches Pluralwort: Tefillin; von »tefilla«, Gebet) Beim Morgengebet legen die Männer zwei Gebetsriemen an: Den einen binden sie um den Kopf, den anderen wickeln sie um Arm und Finger. Am Ende der Gebetsriemen befindet sich eine Kapsel, die auf Pergament geschriebene Sprüche aus der Thora enthält. Die eine, vor der Stirn, symbolisiert die gedankliche Treue zu Gott, die in der Hand erinnert an die Pflicht, Gott mit aller Kraft zu dienen. Grundlage dieses Brauchs ist 2 Mose 13,9: »Darum soll's dir sein ein Zeichen in deiner Hand und ein Denkmal vor deinen Augen, auf dass des Herrn Gesetz sei in deinem Munde.«

Geld Noch in karolingischer und ottonischer Zeit waren den Juden Landwirtschaft, Weinbau und Handwerk nicht verboten. Vor allem aber waren sie im Fernhandel tätig, wozu sie wegen ihrer Herkunft aus dem Mittelmeerraum, ihrer weitgespannten Beziehungen zu den verstreut lebenden Glaubensgenossen und ihrer Sprachkenntnisse – auf Hebräisch konnten sie sich mit jedem jüdischen Händler auf der Welt verständigen – besonders befähigt waren. Erst um 1100 begann man sie aus den genannten Wirtschaftszweigen zu verdrängen. Übrig blieben ihnen vor allem der Kleinhandel mit Vieh und – da ihnen nun das Handwerk verschlossen und da-

mit der Zugang zu neuen Produkten versagt war – mit Gebraucht-
waren (Trödel) sowie die Geldleihe, da das im Alten und Neuen
Testament ausgesprochene Zinsverbot von der Kirche so ausgelegt
wurde, dass es nur für Geschäfte zwischen Anhängern derselben
Religion galt, nicht aber für Vereinbarungen zwischen Christen und
Juden.

Goj (Plural: Gojim) Nichtjude, Heide. Das hebräische Wort meint
in der Bibel »Volk, Nation«. Später bezeichnete es nichtjüdische Völker, schließlich dessen einzelnen Angehörigen.

Haman Minister unter dem Perserkönig Xerxes (alttestamentarisch:
Ahasver; † 465), der die Juden vernichten wollte. Esther, die jüdische Gemahlin des Königs, rettet auf Veranlassung ihres Vetters
Mordechai die Juden. Das nach ihr benannte Buch Esther berichtet
davon.

Hebräisch Die Sprache der Bibel und des jüdischen Gebets. Verein-
facht und modernisiert, wird sie im modernen Israel wieder gesprochen. Allerdings betrachten orthodoxe Juden ihren weltlichen
Gebrauch als Entweihung: Hebräisch für alltägliche Dinge zu benutzen, bedeute Banalisierung. Eng verwandt mit dem Hebräischen
ist Aramäisch, das, ursprünglich in Syrien gesprochen, im siebten
Jahrhundert vor Christus zur Verkehrssprache im Vorderen Orient
aufstieg. Die Juden nahmen es nach dem babylonischen Exil als
Volkssprache an. Ein großer Teil des Talmuds ist aramäisch geschrieben. In einigen Enklaven des Vorderen Orients wird heute
noch Aramäisch gesprochen.

Hygiene Reinlichkeit ist eine Vorschrift des Judentums; Tauchbä-
der sind zu vielen Anlässen Pflicht. Seine Sauberkeit unterschied
den Juden geradezu vom Christen, wie Salcia Landmann schreibt:
»Während der spanischen Inquisition galt schon der Besitz einer Ba-
dewanne bei getauften Juden als ausreichender Beweis dafür, daß
die Betreffenden heimlich an ihrem alten Glauben festhielten.«
Womöglich sind viele Hygienewitze antisemitischen Ursprungs und
gehen letztlich auf jene mittelalterliche Glaubensvorstellung der
Christen zurück, wonach der bildlich zu verstehende Schmutz und
Gestank des Juden direkt vom Teufel komme. Allerdings kursierten
die Hygienewitze auch unter den Juden selbst – vielleicht als Spott
der assimilierten und arrivierten Juden auf ihre bitterarmen Ver-

wandten im Osten, die im engen Schtetl in ungesunden Wohnverhältnissen lebten; auch kann man sie als ein weiteres Beispiel für die klassische jüdische Fähigkeit zur Selbstironie verstehen.

Jiddisch Die historische Sprache der Juden in Deutschland und Osteuropa. Sie basiert auf dem spätmittelalterlichen Deutsch und ist mit hebräischen, aramäischen und slawischen Elementen angereichert. Die heutige Zahl der Jiddischsprecher schätzt man auf fünf bis sechs Millionen, die vor allem in Nordamerika, Israel und Europa leben. Eine richtige »Mameloschn«, also Muttersprache (jiddisch »loschn« von hebräisch »laschon«: Zunge, Sprache) ist es allerdings kaum noch, sondern eher eine Zweitsprache.

Jom Kippur (hebräisch: Jom ha-kippurim) Versöhnungstag; der zehnte Tag des jüdischen Neujahrszyklus, ein strenger Buß- und Fasttag und der höchste Festtag im jüdischen Kalender. Am Jom Kippur richtet Gott die Menschen und teilt sie nach ihren Taten in Gut und Böse. Eigentlich will Gott das bereits am Neujahrstag tun, an dem er der Schöpfung gedenkt und das Los jedes Menschen bestimmt, doch gewährt er den Sündern zehn Tage Aufschub zur Buße und Umkehr, auf dass sie ihre Missetaten bereuen und sich mit ihren Feinden aussöhnen.

Kantor Traditionell der Vorsänger oder Vorbeter in der Synagoge. Heute wird der Kantor »Chassan« genannt.

Kipa Das Haupt zu bedecken, zeugt dem Talmud zufolge von Ehrfurcht vor Gott und von Respekt vor den Glaubensgenossen. Dafür hat sich die leichte, runde und manchmal bestickte Kipa (hebräisch), auch »Käppi« (deutsch) oder »Jarmulke« (jiddisch) genannt, eingebürgert. Vor allem orthodoxe Juden halten den Kopf ständig bedeckt (und tragen womöglich die Kipa auch unter dem schwarzen Hut); konservative Juden tragen eine Kopfbedeckung beim Gebet und bei der Mahlzeit, und im liberalen Reformjudentum bleibt es dem Einzelnen überlassen, ob und wann er sein Haupt bedecken will.

koscher Von hebräisch »kascher«, wörtlich: »gut, angemessen, recht«. Gemeint ist: »gestattet im Rahmen der rituellen Speisegesetze«, im weiteren Sinn: »rein, erlaubt«.

Lecha Dodi Die Anfangszeile des im Freitagabendgottesdienst angestimmten Sabbatliedes bedeutet »Geh, mein Freund, der Braut entgegen«: Der Sabbat wird als Braut verstanden, die zur Tür hereinkommt.

Mutter Im öffentlichen Leben spielte die jüdische Frau in der Vergangenheit selten eine Rolle, weshalb zahlreiche rituelle Vorschriften traditionell nur für Männer gelten (siehe die Stichworte »Bar-Mizwa«, »Gebetsmantel«, »Gebetsriemen«, »Kipa«). Als Gattin, Hausfrau und Mutter jedoch kam ihr schon immer erhebliche Bedeutung zu. Da ist zum einen die jüdische Erbfolge: Ein Kind ist Jude, wenn seine Mutter Jüdin ist. (Der Grund für diese Bestimmung ist wahrscheinlich, dass man weiß, wer ein Kind geboren hat, während die Vaterschaft fraglich sein kann.)
Zum anderen zeugt die sprichwörtliche »jiddische Mamme«, die grenzenlose Fürsorge und Mutterliebe mit zügelloser Herrsch- und Selbstsucht vereint, von der starken Stellung der Frau in der Familie. Rafael Seligmann setzte ihr 1990 in seinem Roman »Die jiddische Mamme« ein ironisches Denkmal.

Matze (f.), Matzen (m.) (hebräisch: Mazza, Plural: Mazzot) Die Matze bzw. der Matzen ist das ungesäuerte Brot, das nach 2 Mose 13,7 für das jüdische Osterfest Pessach vorgeschrieben ist. Der Fladen wird nur mit Mehl und Wasser, also ohne Treibmittel gebacken. Pessach wird zur Erinnerung an den Auszug der Hebräer aus Ägypten gefeiert; der erfolgte in solcher Hast, dass die Juden ihr Brot nicht mehr säuern konnten. Bis ins Mittelalter war der Verzehr ungesäuerten Brotes zu Ostern auch bei den Christen üblich.

Messias (hebräisch: Maschiach) Wörtlich »Gesalbter«, in griechischer Übersetzung: »Christos«. Im Unterschied zum Christentum, das die Verheißung für erfüllt hält, lebt das Judentum weiterhin in Erwartung des Messias, der den vollkommenen Frieden bringen und eine Welt ohne Sünde errichten soll; die Toten werden auferstehen und nach Jerusalem ziehen.

Namen Die meisten jüdischen Nachnamen stammen vom Ende des 18., Anfang des 19. Jahrhunderts; 1812 mussten die Juden in Preußen im Zuge der bürgerlichen Emanzipation bleibende Familiennamen wählen. Meist fiel die Wahl auf Herkunftsbezeichnungen (»Merseburger«), Berufsnamen (»Goldschmidt«) und wohlklingende Neubildungen (»Blumenthal«), oder man verdeutschte seinen hebräischen Namen nach Klang oder Sinn (aus »Aron« wird »Arend«, aus »Baruch« wird »Selig«, aus »Chaim« wird »Heimann«) – wobei in allen Fällen festzuhalten ist, dass solche Namen auch unter Christen verbreitet waren. Einige Familiennamen gründen auf jahrtausendealter alttestamentarischer Tradition: »Kohn« und »Kahn« gehen zurück auf hebräisch »Cohen« oder »Cahen«, den Priester; »Levi« (hebräisch; Plural: die sprichwörtlich gewordenen »Leviten«) hieß der Tempeldiener; »Israel« war das übrige Volk. Auch der Name »Katz« (»Cahen zedek«, gerechter Priester) hat eine solche alte Wurzel.

Entgegen dem Klischee gab es bei der Namensvergabe kaum staatliche Zwangsbenennungen – mit einer Ausnahme: Westgalizien 1805. Ekelnamen vom Kaliber »Afterduft« oder »Spucknapf« hat es in der Wirklichkeit gleichwohl nicht gegeben, sondern nur in der antisemitischen Presse und Literatur. Nachgewiesen sind zwar Nachnamen wie »Nachtlicht«, »Bleifuß« und »Knoblauch«, doch waren ihre Träger sowohl Juden wie Nichtjuden. Im Witz allerdings können, ohne dass Antisemitismus im Spiel sein muss, Ekel- und Grotesknamen (wie »Pulverbestandteil« oder »Flaschenzug«, die sich in Salcia Landmanns Witzesammlung finden) durchaus auftreten, ob als Genresignal für einen jüdischen Witz und zusätzlicher komischer Effekt, ob aus Selbstironie, als Spott der deutschen Juden auf ihre armen osteuropäischen Verwandten oder als satirisches Mittel wie in dem Witz von dem Mann, der 1933 seinen Namen »Adolf Stinkfuß« ändern lassen will – zu »Moritz Stinkfuß«.

Apropos Moritz, der in den Kindermundwitzen gewissermaßen das jüdische Fritzchen ist: Ähnliches wie für die Nachnamen gilt für die witztypischen jüdischen Vornamen »Moische«, »Sarah« usw. Tatsächlich trugen seit dem späten 19. Jahrhundert deutsche Juden durchweg die gleichen Rufnamen wie ihre nichtjüdischen Altersgenossen und hießen Hans, Wolfgang, Ilse, Adele und Siegfried.

Pollak Die neureiche Frau Pollak gab es wirklich. Sie hieß Rosa, war die Frau des jüdischen, zum Katholizismus übergetretenen und vom österreichischen Kaiser geadelten Wiener Industriellen Pollak von Parnegg und wurde für ihre unabsichtlich komischen Aussprüche berühmt, die vor allem ihre mangelhafte Bildung und ihre Unkenntnis der Etikette offenbarten. Welche Äußerungen verbürgt sind und welche ihr untergeschoben wurden, lässt sich natürlich nicht mehr feststellen. Allerdings hatte sie wohl selbst Vergnügen daran und genoss ihre Popularität, denn ihre Söhne sollen Hefte über ihre Schwupper geführt und ihr diese Kladden unter dem Titel »Ausflüsse aus dem Muttermund« zum Geburtstag geschenkt haben. Beim Anschluss Österreichs an Nazideutschland stürzte sich Frau Pollak, wie Salcia Landmann berichtet, aus dem Fenster.

Rabbiner (auch: Rabbi, Rebbe; von hebräisch »raw«: »gewaltig, mächtig; großer Herr, Meister«) Zuerst ein Ehrentitel für den Religionsgelehrten; dann Berufsbezeichnung des Gemeinderabbiners. Als Talmudgelehrter legt er die religiösen Schriften aus, wacht über die Einhaltung der rituellen Vorschriften und leitet den Gottesdienst. In den jüdischen Gemeinden Osteuropas, wo religiöse und örtliche Gemeinschaft zusammenfielen, war der Rabbi meist auch das weltliche Oberhaupt, der Rechtsfälle entschied und Ratgeber in alltäglichen Fragen war. In seinem Buch »Mein Vater, der Rabbi« schildert Isaac Bashevis Singer, 1904 in Polen geboren und 1935 in die USA ausgewandert, einen weltfremden Rabbiner in Warschau, der in seinem kleinen Studierzimmer Urteile nach talmudischem Recht sprach und von den kargen Honoraren jener Juden lebte, die sich seinem Spruch lieber fügten als den Entscheidungen weltlicher Gerichte.

Reb Keine Kurzform von »Rabbi«, sondern, vor einen Namen gesetzt, jiddische Anrede, auf Deutsch: »Herr«.

Religionslehrer Meint nicht den Lehrer an der staatlichen, allgemein bildenden Schule, sondern den Melamed (hebräisch), den Lehrer an der traditionellen jüdischen Grundschule, auf der die Knaben vom vierten oder fünften Lebensjahr an die Bibel und den Talmud lesen und auslegen und dabei Hebräisch und Aramäisch lernen. Diese »Cheder« (hebräisch; »Zimmer«) genannte nichtstaatliche Schule besuchen die Knaben bis zum dreizehnten Lebensjahr, bis zur Bar-Mizwa. Begabte Kinder können anschließend auf die Talmudhochschule (»Jeschiwa«) gehen, nicht um einen Abschluss zu machen, sondern um tiefer in die Welt des Glaubens einzudringen.
Dieses Bildungssystem hat eine lange Geschichte: Da jeder (männliche) Jude ein mündiger Gläubiger und ein kundiger Sachwalter der Thora sein sollte, gab es schon im ersten vorchristlichen Jahrhundert eine Art Schulpflicht für die männliche Jugend.

Rosch ha-Schana (hebräisch; »Kopf des Jahres«) Der jüdische Neujahrstag, der in den September oder Oktober fällt.

Sabbat (hebräisch; jiddisch: Schabbes) Der siebte und Ruhetag der jüdischen Woche. Er dauert von Sonnenuntergang am Freitagabend bis Sonnenuntergang am Samstagabend. (Im Judentum beginnen die Tage am Vorabend, denn nach 1 Mose 1,5 »ward aus Abend und Morgen der erste Tag«.) Nach dem göttlichen Vorbild, das 1 Mose 2,2 f. mitteilt, darf am Sabbat nicht gearbeitet werden; auch Reisen, Rauchen und Feuer machen sind verboten. Übrigens steckt im deutschen Wort »Samstag« der »Sabbat«.

Schadchen (hebräisch: Schadchan, Plural: Schadchonim; auf Deutsch: »Brautwerber«) Schadchen war ein notwendiger und angesehener Beruf, da viele Ostjuden in ihrem winzigen Schtetl keinen Ehepartner finden konnten und auf ihn angewiesen waren, um anderswo einen Heiratskandidaten zu finden. Viele Rabbiner, die in den jüdischen Gemeinden ohnehin als Zivilrichter tätig und mit dem Eherecht befasst waren, verdienten sich ihren Lebensunterhalt als Schadchen. In der Regel wurden die Ehen von den Eltern gestiftet, in deren Auftrag der Schadchen die Kontaktaufnahme zu einer anderen Familie arrangierte. Die Brautleute selbst sahen sich manchmal erst am Hochzeitstag. Vor allem in den gutbürgerlichen Kreisen, wo man besonders auf Vermögen, Bildung und Stand sah, stand eben nicht die Liebe, sondern die Regelung der Mitgift und anderer materieller Fragen im Vordergrund. Darüber konnte der entscheidende Punkt schon mal außer Acht geraten. Schadchen zum Kollegen: »Kürzlich hätte ich beinahe eine großartige Partie zuwege gebracht. Beide Eltern waren in allen Punkten einverstanden.« »Und woran ist es gescheitert?« »Als die zwei Familien zusammenkamen, stellte sich heraus, dass beide eine Tochter hatten!«

Schema Israel Die hebräische Formel heißt wörtlich »Höre, Israel« und dient als Bekenntnis der Einzigkeit Gottes; in 5 Mose 6,4 heißt es: »Höre, Israel, der Herr ist der Einzige!« Mit diesen Worten beginnt ein morgens und abends zu sprechendes Pflichtgebet; auch spricht ein frommer Jude es als letztes Bekenntnis in der Todesstunde.

Schläfenlocken Orthodoxe Juden rasieren sich nicht den Bart und lassen auch das Schläfenhaar stehen. Schon die Knaben tragen deshalb lange Korkenzieherlocken an den Schläfen. (Siehe Stichwort »Bart«.)

Schnorrer Vermutlich leitet sich das Verb »schnorren« her von »schnurren«, was so viel wie »mit Musik betteln« bedeuten kann: Der Schnorrer war demnach ursprünglich ein Bettelmusikant, ein Schnurrpfeifer zum Beispiel, und was er alles erzählte, um den Leuten Geld aus der Tasche zu locken, waren »Schnurren«, Schwänke. – Ähnlich wie der Islam schreibt das Judentum Mildtätigkeit vor; besonders gilt diese Pflicht gegenüber der Verwandtschaft, der Mischpoke, welcher Begriff weit gefasst ist. Die Schnorrer leiteten aus diesem Gebot ihr Recht her, Geld oder Essen von wohlhabenden Glaubensgenossen zu fordern. Manche hielten ihre Bettelei geradezu für einen religiösen Dienst, der es den Reichen erst ermöglichte, ihre Pflicht zur Wohltätigkeit zu erfüllen: daher ihre Chuzpe. Dazu ein Witz: In einer jüdischen Gemeinde ist der Wohlstand ausgebrochen, so dass eines Tages niemand mehr da ist, dem man Almosen geben kann. Man bestellt sich einen Schnorrer aus Krotoschin. Dieser wird aber mit der Zeit so frech, dass man ihn zur Bescheidenheit mahnt. Da droht er: »Ich fahre gleich nach Krotoschin zurück! Dann könnt ihr zusehen, an wem ihr euere religiösen Gebote erfüllen könnt!«

Schofar (hebräisch) Widderhorn. Der Schofar wird in der Synagoge als Signal für das Gericht Gottes am Rosch ha-Schana und am Jom Kippur geblasen, also am Neujahrstag und am zehnten Tag des neuen Jahres.

Schtetl (jiddisch; »Städtchen«) Jüdische Siedlungsform in Osteuropa, dörflich-kleinstädtisch geprägt mit Landwirtschaft, Handwerkern und Kleinhandel. Sie bildete sich im späten Mittelalter heraus, als zahlreiche Juden aus Deutschland vor der ökonomischen Ausgrenzung, sozialen Entrechtung und mörderischen Bedrohung in das tolerante Königreich Polen flohen. (Bis ins 18. Jahrhundert erstreckte es sich bis weit nach Litauen, Weißrussland und in die Ukraine.)
Das Schtetl kann eine eigene Ortschaft sein oder ein von der christlichen Bevölkerung getrenntes, eigenständiges Stadtviertel. Weltliche und religiöse Herrschaft sind vermischt: Der Rabbi kann Bürgermeister und Richter, also geistliches und weltliches Oberhaupt der jüdischen Gemeinde sein. Im 19. Jahrhundert, als Aufklärung

und religiöse Orthodoxie aufeinander prallten, wurde das Schtetl zur Keimzelle der jüdischen Witze. Insbesondere mit der ostjüdischen Auswanderung nach Mitteleuropa und nach Übersee (bedingt durch die Verelendung im Schtetl, als die Klein- und Zwergbetriebe der jüdischen Handwerker nicht mehr mithalten konnten mit der kapitalistischen Konkurrenz in den Großstädten) gelangte dieser Witz nach außerhalb und zu Ruhm.

Speisegesetze Von den zahlreichen komplizierten Speisevorschriften des Judentums am bekanntesten sind das Verbot von Schweinefleisch und die Schächtung, die sich von 5 Mose 11,22 f. herleitet: »Allein merke, dass du das Blut nicht essest, denn das Blut ist die Seele; darum sollst du die Seele nicht mit dem Fleisch essen, sondern sollst es auf die Erde gießen wie Wasser.« Ein weiteres, schwierig zu befolgendes Gebot ist die Trennung von Fleisch und Milch. »Und sollst das Böcklein nicht kochen in seiner Mutter Milch«, heißt es in 2 Mose 23,19: Das wird so ausgelegt, dass Milchprodukte und Fleischspeisen weder vermengt noch mit den gleichen Küchen- und Essgeräten berührt, noch gleichzeitig verspeist werden dürfen; es müssen mindestens drei Stunden, nach orthodoxer Auffassung sogar sechs Stunden dazwischen liegen.

Synagoge Das griechische Wort bezeichnete zunächst die religiöse Gemeinde, dann ihren Versammlungsort. Seit der Zerstörung des ersten Tempels, der den Kultmittelpunkt Israels bildete, und dem babylonischen Exil diente die Synagoge als lokales Zentrum des Judentums. Besonders galt das seit der Zerstörung des zweiten Tempels 70 n. Chr. und der im zweiten Jahrhundert, nach dem gescheiterten Aufstand des Bar-Kochba gegen die römische Besatzung, folgenden Zerstreuung der Juden in die Fremde. Wahrscheinlich aus jener Zeit, als Griechisch die Verkehrssprache im östlichen Mittelmeerraum war, rührt das Wort »Synagoge« her. – Die Synagoge ist Bethaus (hebräisch: bet knesset) und meist auch Lehrhaus (hebräisch: bet midrasch); deshalb wird die Synagoge im Jiddischen auch als »schul« bezeichnet. Außerdem fungiert die Synagoge als politischer Versammlungsort der Gemeinde und kann als Herberge für Reisende dienen.

Talmud (hebräisch; »Studium, Belehrung, Lehre«) Das Hauptwerk der jüdischen Religion nach der Bibel. Vordergründig handelt es sich um ein Sammelsurium von Anekdoten, Legenden, Gleichnissen, Sprichwörtern, scharfsinnigen Debatten, medizinischen Ratschlägen, mathematischen Lehrsätzen, astronomischen Beobachtungen und geographischen Nachrichten. In systematischer Hinsicht zerfällt der Talmud in zwei Teile: in die Mischna (»Unterweisung«), die Sammlung der Gesetze, und die Gemara (»Vervollständigung«), den Kommentar der Mischna samt der anekdotischen Abschweifungen. Um 500 vor Christus begonnen und um 400 nach Christus (palästinensischer Talmud) bzw. um 500 nach Christus (babylonischer Talmud) endgültig fixiert, sollte der Talmud die biblischen Vorschriften einer veränderten Gegenwart anpassen und die in der Diaspora bedrohte geistige Einheit des Judentums sichern.

Das Studium des Talmuds schult das analytische, dialektische und assoziative Denken (»Wie ein Messer das andere wetzt, so schärfen sie ihren Geist durch den Austausch der Gedanken«, heißt es im Talmud von den Gelehrten, deren spitzfindige Diskussionen er oft wörtlich protokolliert hat); es kann aber auch zu weltferner Gedankenakrobatik verleiten. Das am Talmud erfahrene Gehirntraining dürfte ein Grund sein, weshalb überdurchschnittlich viele Juden nach der Emanzipation akademische Berufe ergriffen und in Kunst und Wissenschaft Besonderes leisteten.

Die talmudische Kasuistik beeinflusste den jüdischen Witz und seine Liebe zu logischen Kapriolen. Ohnehin ist der Talmud kein trockenes Lehrbuch, sondern hat auch für Komik Platz. So stehen manche anekdotischen Begebenheiten, die im Talmud aufgezeichnet sind, der Witzform schon sehr nahe. »Einst berichtete man R. [Rabbi] Jehuda, dass Heuschrecken gekommen seien, da verfügte er ein Fasten. Darauf sagte man ihm, dass sie keinen Schaden anrichten. Er aber erwiderte: Haben Sie sich etwa Nahrung mitgebracht?!« Einige Abschnitte zuvor (ebenfalls im Buch Tânith) findet man die Regelung, dass fromme Juden sich als strenge geistliche Übung einen freiwilligen Fastentag auferlegen dürfen, aber sie müssen, so die Vorschrift, dabei barfuß bleiben. Wie es weiter heißt, hätten sich die Jünger Rabbi Scheschets über die Jünger Rabbi Schilas beklagt, weil diese beim Fasten Schuhe trügen. Rabbi Scheschet ärgerlich: »Vielleicht essen sie auch beim Fasten?!«

Thora (hebräisch; »Lehre«) Die fünf Bücher Mose, der Pentateuch. Die Thora ist die zentrale Schrift des Judentums. Für den Gebrauch im Gottesdienst ist sie von Hand auf Pergamentrollen geschrieben.

trefe (hebräisch; »zerrissen, zerfleischt«) Ursprünglich war das von Raubtieren gerissene Vieh und Wild gemeint, das Aas: »Darum sollt ihr kein Fleisch essen, das auf dem Felde von Tieren zerrissen ist«, heißt es in 2 Mose 22,30. Später galt auch das Fleisch nicht geschächteter Tiere als trefe. Heute bezeichnet man alle rituell verbotenen Speisen als trefe.

Zaddik Der religiöse Führer der Chassiden heißt nicht Rabbi, sondern Zadik oder Zaddik, Plural: Zad(d)ikim; das Ursprungswort bedeutet im Hebräischen »gut« und meint im Jiddischen »der Gerechte, der Heilige«. Im Deutschen sagt man ironisch »Wunderrabbi«. (Siehe Stichwort »Chassidismus«.)

Literatur

Am achten Tag schuf Gott das Lachen. Jiddische Witze und Anekdoten. Hg. von Andreas Martin und Robert Rothmann. Leipzig 2001.

Antisemitismus. Vorurteile und Mythen. Hg. von Julius H. Schoeps und Joachim Schlör. Frankfurt/Main 2001.

Von armen Schnorrern und weisen Rabbis. Hg. und mit einem Nachwort versehen von Jutta Janke, die einen Teil der Beiträge aus dem Jiddischen und Polnischen übersetzte. Berlin/DDR 1986.

Auserwählt und trotzdem heiter. Witze aus Israel. Hg. von Uri Sela und Shragu Har-Gil. München 1970.

Der Babylonische Talmud. Mit Einschluß der vollständigen Mišnah. Hg., möglichst sinn- und wortgetreu übersetzt und mit Anmerkungen versehen von Lazarus Goldschmidt. 9 Bde. Berlin/Leipzig/Haag 1897–1935.

S. Fischer-Fabian: Lachen ohne Grenzen. Bergisch Gladbach 1992.

Fliegende Blätter. München 1844–1940.

Hans-Jochen Gamm: Judentumskunde. Eine Einführung. München 1966.

Filipp Goldscheider: »Warum hat Kain Abel erschlagen? Weil Abel ihm alte *jüdische Witze* erzählt hat.« Frankfurt/Main 1996.

Das große Buch des jüdischen Humors. Hg. von William Novak und Moshe Waldoks. Eingeleitet von Salcia Landmann. Mit Anekdoten, neu erzählt, und einem Nachwort von Fritz Muliar. Aus dem Amerikanischen von Uschi Gnade unter Mitarbeit von Lutz Bormann. Königstein im Taunus 1982.

Martin Grotjahn: Vom Sinn des Lachens. Psychoanalytische Betrachtungen über den Witz, das Komische und den Humor. Deutsch von Gerhard Vorkamp. Frankfurt/Main 1974.

Humoristisch-satyrischer Volks-Kalender des Kladderadatsch für 1851. Berlin 1850. [Darin und in vielen Ausgaben der folgenden Jahre die Rubrik: »Jüdischer Kalender«.]

190 gepfefferte jüdische Witze und Anekdoten. Berlin o.J. [um 1920]

Jutta Janke: Nachwort. In: Von armen Schnorrern und weisen Rabbis. Hg. und mit einem Nachwort versehen von Jutta Janke, die einen Teil der Beiträge aus dem Jiddischen und Polnischen übersetzte. Berlin/DDR 1986. S. 170–187.

Die Juden als Minderheit in der Geschichte. Hg. von Bernd Martin und Ernst Schulin. München 1981.

Jüdische Anekdoten und Sprichwörter. Ausgewählt und übertragen von Salcia Landmann. Jiddisch und deutsch. München 1965.

Die jüdische Kiste. 399 Juwelen echt gefaßt von Alexander Moszkowski. Berlin 1911.

Jüdische Schwänke. Auswahl, Übersetzung und Bearbeitung besorgten Max Präger und Siegfried Schmitz. Wien 1928. [Witzbuch auf der Grundlage der jiddischen Sammlung »Rosinkess mit Mandlen«.]

Der jüdische Witz. Soziologie und Sammlung. Vollständig neu bearbeitete und wesentlich ergänzte Ausgabe. Hg. und eingeleitet von Salcia Landmann. Olten [13]1988.

Jüdische Witze. Ausgewählt und eingeleitet von Salcia Landmann. München 1963. [Erstausgabe: Olten 1962.]

Werner Keller: Und wurden zerstreut unter alle Völker. Die nachbiblische Geschichte des jüdischen Volkes. München 1966.

Kurt Kelm: Nachwort. In: Horacy Safrin: Aj, wie klug war unser Rebbe. Jüdische Witze und Anekdoten. Ausgewählt und aus dem Polnischen übersetzt von Kurt Kelm. Berlin/DDR 1990. S. 164–168.

Alfred J. Kolatch: Jüdische Welt verstehen. Sechshundert Fragen und Antworten. Deutsch von Barbara Höhfeld. Wiesbaden [5]2000.

Lachobst importiert aus aller Welt. Hg. von Hans Eckart Rübesamen. München 1972.

Salcia Landmann: Einführung. In: Jüdische Anekdoten und Sprichwörter. Ausgewählt und übertragen von Salcia Landmann. Jiddisch und deutsch. München 1965. S. 7–21.

Salcia Landmann: Der jüdische Witz und seine Soziologie. In: Jüdische Witze. Ausgewählt und eingeleitet von Salcia Landmann. München 1963. S. 17–54.

Ronald Lötzsch: Jiddisches Wörterbuch. Leipzig 1990.

Elena Loewenthal: Ein Hering im Paradies. Eine Enzyklopädie des jüdischen Witzes. Aus dem Italienischen von Claudia Schmitt. München 1999.

Jan Meyerowitz: Der echte jüdische Witz. Berlin 1971.

146

George Mikes: Nimm das Leben nicht zu ernst. Humorvolle Betrachtungen für humorlose Zeiten. Aus dem Englischen übersetzt von Ursula Prinzessin von Hohenlohe. Düsseldorf 1971.

Alexander Moszkowski: Zum Geleit. In: Die jüdische Kiste. 399 Juwelen echt gefaßt von Alexander Moszkowski. Berlin 1911. S. 3–8.

Fritz Muliar: Das Beste aus meiner jüdischen Witze- und Anekdotensammlung. München 1974.

Neues von Salcia Landmann. Jüdischer Witz. München 1972.

Paul Nikolaus: Jüdische Miniaturen. Schnurren und Schwänke. Hannover 1925.

William Novak und Moshe Waldoks: Aus dem Vorwort zur amerikanischen Buchausgabe. In: Das große Buch des jüdischen Humors. Hg. von William Novak und Moshe Waldoks. Eingeleitet von Salcia Landmann. Mit Anekdoten, neu erzählt, und einem Nachwort von Fritz Muliar. Aus dem Amerikanischen von Uschi Gnade unter Mitarbeit von Lutz Bormann. Königstein im Taunus 1982. S. 315–319.

Oj, bin ich gescheit! Ostjüdischer Humor. Hg. und eingeleitet von Hermann Hakel. Wien 1996.

Hans Ostwald: Frisch, gesund und meschugge. Schnurren und Anekdoten. Berlin 1928.

Gert Raeithel: Der ethnische Witz. Am Beispiel Nordamerikas. Frankfurt/Main: Eichborn, 1996. [Revidierte und erweiterte Fassung des 1972 erschienenen Werks »Lach, wenn du kannst«.]

Gert Raeithel: Lach, wenn du kannst. Der aggressive Witz von und über Amerikas Minderheiten. Frankfurt/Main 1975. [Erstausgabe: München 1972.]

Theodor Reik: Zur Psychoanalyse des jüdischen Witzes. In: Imago 15 (1929). S. 63–88.

Hans Reimann: Jüdischer Witz unter der Lupe. In: Velhagen & Klasings Monatshefte. Heft 2 (Februar). Berlin 1944. S. 255–257.

Rêjte Pomeranzen. Ostjüdische Schwänke und Erzählungen. Gesammelt von Immanuel Olsvanger. Berlin 5.–9. Tsd. 1936. [Auf Jiddisch. Vielleicht stehen diese, oft weitschweifig und behäbig, altmodisch erzählten Witze und Schwänke noch der Urform nahe, ebenso wie die folgende Sammlung:]

Rosinkess mit Mandlen. Aus der Volksliteratur der Ostjuden. Schwänke, Erzählungen, Sprichwörter und Rätsel. Gesammelt von Immanuel Olsvanger. Basel ²1931. [Jiddisch.]

Horacy Safrin: Aj, wie klug war unser Rebbe. Jüdische Witze und

Anekdoten. Ausgewählt und aus dem Polnischen übersetzt von Kurt Kelm. Berlin/DDR 1990.

Siegfried Schmitz: Nachwort vom jüdischen Witz. In: Jüdische Schwänke. Auswahl, Übersetzung und Bearbeitung besorgten Max Präger und Siegfried Schmitz. Wien 1928. S. 251–261.

Abraham Tendlau: Jüdische Sprichwörter und Redensarten. Als Beitrag zur Volks-, Sprach- und Sprichwörter-Kunde. Aufgezeichnet aus dem Munde des Volkes und nach Wort und Sinn erläutert. Köln 1988. [Erstausgabe: Frankfurt 1860.]

J. A. Thompson: Hirten, Händler und Propheten. Die lebendige Welt der Bibel. Aus dem Englischen von Heinz-Helmut Bernhardt u. a. Gießen [2]1996.

Kurt Tucholsky: Vom alten Stamm. In: K. T.: Deutsches Tempo. Hg. von Mary Gerold-Tucholsky und Fritz J. Raddatz. Reinbek bei Hamburg 1985. S. 89 f. [Zuerst in der »Schaubühne« vom 7. 5. 1914.]

Die unsterbliche Kiste. Die 333 besten Witze der Weltliteratur. Befür- und bevorwortet von Alexander Moszkowski. Berlin 1908.

Wilhelm Volkert: Kleines Lexikon des Mittelalters. Von Adel bis Zunft. München 2000.

Karl Julius Weber: Über Witz und Scharfsinn. In: K. J. W.: Dymocritos oder hinterlassene Papiere eines lachenden Philosophen. Bd. 1. Stuttgart 1832. S. 260–320.

Siegmund A. Wolf: Jiddisches Wörterbuch. Wortschatz des deutschen Grundbestandes der jiddischen (jüdischdeutschen) Sprache mit Leseproben. Hamburg [3]1993.

Hans Werner Wüst: Massel braucht der Mensch. Der klassische jüdische Witz. München 2001.

Nachwort

Der scharfe Witz und wache Geist der Juden ist berühmt. Alexander Moszkowski, der 1911 die erste große Sammlung jüdischer Witze herausgab, pries »die jüdischen Juwelen«, rühmte sie als »die Eliteklasse unter den Witzen überhaupt« und resümierte: »Der jüdische Witz ist das Fundament und die Krone allen Witzes.«

Intelligent, skeptisch und selbstironisch, trickreich und angriffslustig, bestechen jüdische Witze durch ihren – manchmal bis zur Gedankenakrobatik gesteigerten – Scharfsinn. Zugleich sprechen aus ihnen Weisheit, Freundlichkeit und Melancholie, eine innige Vertrautheit mit den menschlichen Schwächen und eine intensive Bekanntschaft mit der unzulänglichen Weltordnung. Der jüdische Witz ist keck, aggressiv und doch zutiefst human: »Wer echte Juden und echten jüdischen Humor kennt, weiß, daß sich hinter der gelegentlichen Schärfe, Grobheit und Frechheit gerade das Gegenteil verbirgt: Toleranz, ein resigniertes Erziehungsbedürfnis, verzeihendes, ja allzu verzeihendes Verstehen«, schreibt Jan Meyerowitz, der noch die Blütezeit der jüdischen Witze vor 1933 miterlebte.

Damals waren sie nicht nur Allgemeingut, sondern gehörten geradezu zum Bildungskanon der arrivierten und assimilierten Juden: Die Pointen der Witze hatten sich unter ihnen in geflügelte Worte verwandelt, so dass man diese Schlusswendungen nur im geeigneten Moment ins Gespräch einzustreuen brauchte, um einen treffenden für jedermann verständlichen Kommentar abzugeben. »Die Situationen der Witze kommen in anderen Formen im Leben fortgesetzt vor, und die Pointen, im rechten Augenblick unter Kennern zitiert, werfen dann ein unerbittliches Schlaglicht auf menschliche Schwächen und Beweggründe«, analysiert Jan

Meyerowitz und erzählt den Witz von dem Juden, der eine Urinanalyse machen soll und den Apotheker nach dem Preis fragt. Der ist ihm zu teuer, also geht er weg. Aber nach einer halben Stunde kommt er doch mit dem gefüllten Fläschchen wieder: »Ich hab mir's überlegt.« Am nächsten Tag fragt er nach dem Befund. »Negativ«, sagt der Apotheker. Der Jude ruft zu Hause an: »Sarah, ich bin gesind, du bist gesind, die Ruth is gesind, der Jakob is gesind, die Großmutter is gesind, der Hund is gesind!«

Jan Meyerowitz erinnert sich: »Eine Berliner Bankiersfamilie hatte damit geprunkt, daß ein damals sehr moderner Maler jedes einzelne Familienmitglied porträtieren werde. Schließlich wurde aber nur ein Gruppenbild daraus, nach Tizian-Tintoretto-Manier. Als der Schinken nun den Gästen vorgeführt wurde, zitierten spontan mehrere Besucher die obige Pointe: ›Ich bin gesind, du bist gesind ... der Hund is gesind ...‹«

Jüdische Witze garantieren Qualität. (Überhaupt ist jüdischer Witz ein Markenzeichen, für das im Deutschen Autoren wie Heinrich Heine, Kurt Tucholsky und Alfred Polgar bürgen und international Namen stehen wie Groucho Marx, Billy Wilder, Woody Allen, Art Buchwald oder auch der weltweit meistgelesene Satiriker Ephraim Kishon.)

Bereits zu den ersten Witzen, die das erste deutsche Witzblatt, die »Fliegenden Blätter«, in seinem ersten Jahr 1844 brachte, gehörten jüdische. Zum Beispiel, unter der Überschrift »Die Spekulanten«, dieser: »Wollen Sie sich bei einem guten Geschäft betheiligen mit 10 000 Gulden? – Sie verneinen? – Vielleicht mit 5000 Gulden? – Auch nicht? – Mit 2000 Gulden, mit 1000 Gulden, mit 500 Gulden? Alles nicht?! – Nun, so leihen Sie mir zwei Thaler!«

Wenige Jahre später ist »Jüdischer Witz« bereits ein eigenes Genre: Der 1850 erschienene »Humoristisch-satyrische Volks-Kalender des Kladderadatsch für 1851« führte erstmals (und in den folgenden Jahren noch oft) eine Witzrubrik namens »Jüdischer Kalender«.

Schon in seinem, 1832 posthum veröffentlichten, Aufsatz

»Über Witz und Scharfsinn« hatte sich Karl Julius Weber über die außergewöhnliche Witzigkeit der Juden gewundert: »Sonderbar! daß sich Witz, oder Hauptanlagen dazu unter uns da zeigen, wo ihn wohl die wenigsten suchen [...] – bei den Juden.« Als Ursache vermutete Weber: »Noth lehrt ihn den Verstand schärfen, der Schacher Verschlagenheit, und Druck, Verachtung und Mißhandlung machen satyrisch und witzig.«

In der Tat: Witz ist die Wunderwaffe des Wehrlosen, der sich nicht ernsthaft widersetzen darf; handgreiflichen Widerstand konnten sich die Juden als Minderheit in christlicher Umgebung kaum leisten. Außerdem machte sich die in weiten Teilen Mitteleuropas erzwungene Beschränkung der Judenheit auf Handel und Geldgeschäfte in puncto Witz bezahlt: Wer vom Kaufen und Verkaufen lebt, muss schnell und anpassungsfähig reagieren, muss findig und wendig sein. (»Der Handel hat Analogie mit dem Witz«, notierte Friedrich Schlegel 1799.) Zudem zwingt der Kontakt mit fremden Kunden zur Toleranz; wer täglich mit Leuten zu tun hat, die anders denken und sich verhalten als man selbst, lernt, dass die eigene Weltanschauung nicht uneingeschränkt gültig und die eigene Lebensweise nicht die einzig richtige ist. Solche kontrastreichen Erfahrungen aber machen witzig; und der überraschende Kontrast ist das Geheimnis allen Witzes.

Um diesen Faden weiterzuspinnen: Gerade der Kontrast prägte das Judentum seit alters, formte seine physische und geistige Existenz. Da ist der bisweilen scharfe Widerspruch zwischen den strengen Vorschriften ihrer Religion und der eigenen Lebenspraxis; da ist zweitens, seit der Zerstreuung der Juden in alle Länder im zweiten Jahrhundert, der harte Gegensatz zur Ton angebenden nichtjüdischen Umgebung.

Für die Entstehung des jüdischen Witzes reichten diese Bedingungen allerdings nicht aus; sonst hätten auch die im arabischen Orient und im christlichen Mittelmeerraum lebenden Juden eine Rolle spielen müssen. Dort jedoch fehlte der entscheidende Anstoß: die Aufklärung. Die erreichte im späten 18. Jahrhundert durch Moses Mendelssohn die deutschen Juden, die sie wiederum zu den Glaubensgenossen in Osteuropa trugen, und als dort, dritter Kontrast, moderner Vernunftglaube und religiöse Orthodoxie aufeinander stießen, entzündete sich der Witz der Juden.

Über rund eine Million Quadratkilometer verstreut, lebten Juden in Polen, Litauen, Weißrussland, der Ukraine und Russland. In Wilna, das als ein Jerusalem des Ostens galt, machten sie fast die Hälfte der Bevölkerung aus; in Warschau lebten vor dem Zweiten Weltkrieg mehr Juden als in England, Frankreich und der Schweiz zusammengenommen.

Bis ins 18., 19. Jahrhundert – und mancherorts bis 1940 – lebten die Ostjuden in einer geschlossenen Welt, regiert von strengen religiösen Gesetzen, die dem ganzen Dasein ihren Stempel aufdrückten. (Diese Abschließung ermöglichte den Juden immerhin, 1800 Jahre in der Diaspora zu überleben.) Als die Aufklärung kam, weichte die starre Ordnung auf. Immer mehr Juden befreiten sich aus der physischen und geistigen Enge des Ghettos und des Schtetls. Die Religion fühlten nun viele als Fessel; Armut und Unterdrückung nahmen sie nicht mehr als Gottesgeißel hin, als Strafe für die Sünden Israels, sondern empfanden sie als sinnloses Unrecht, das es zu kritisieren und zu beseitigen galt. Das Judentum verweltlichte, wogegen wiederum die orthodoxe Autorität erbittert Widerstand leistete. Diese Spannungen zwischen Tradition und Fortschritt, zwischen Hütern des Religionsgesetzes einerseits und Reformwilligen andererseits düngten jenen osteuropäischen Mutterboden, auf dem der jüdische Witz keimte. Er breitete sich (infolge der ostjüdischen Auswanderung, gefördert durch Wirtschaftskontakte usw.) in den Mischgebieten von Juden und Nichtjuden in Polen, Deutschland und Österreich aus, und Großstädte wie Berlin, Wien und Warschau waren dann die Treibhäuser, wo die Pflanzen des jüdischen Witzes zur schönsten Blüte gebracht wurden.

Jüdische Witze sind, als Frucht der geistlichen Bedrängnis

und der weltlichen Not, Kritik sowohl am Religionsgesetz als auch an der Weltordnung. Ambivalent, wie sie oft sind, stecken sie auch voller Selbstironie. »Die Juden stellen alles in Frage«, schreibt S. Fischer-Fabian: »ihre Religion, ihre Bildung, ihre Ehrlichkeit, ja ihre Sauberkeit.«

Dass viele assimilierte Juden die Klischees ihrer nichtjüdischen, womöglich antisemitischen Umgebung übernahmen, mag Spott auf die eigene, vermeintlich überwundene Vergangenheit sein, vielleicht auch Stichelei gegen die arme Verwandtschaft im Osten, die teilweise noch in voraufklärerischer Enge lebte. Zudem kann die Freude an einem brillanten Witz größer sein als der Schmerz über den Kratzer, den er dem eigenen Selbstbild zufügt, oder um es mit einem Bonmot von Mel Brooks zu sagen: »Bei einem guten Witz ist es mir egal, wen ich damit beleidige« – warum also nicht sich selbst?

Die Selbstironie der jüdischen Witze hat jedenfalls eine tiefe Ursache. Im Zarenreich, in Deutschland und in Österreich war, mit dem konvertierten Juden Heinrich Heine zu sprechen, die Taufe das »Entréebillet« zur europäischen Zivilisation. Die Integration in die traditionell christlich geprägte Gesellschaft und die Assimilierung an deren Kultur musste die Juden notwendigerweise von der eigenen Vergangenheit entfremden: Juden, die in Deutschland dazugehören wollten, mussten ihr Judentum abstreifen – das aber kann man nur, indem man selbst es abwertet.

Besondere Ironie: Ausgerechnet in Deutschland aber war (und ist bis heute) die Abstammung, die Herkunft besonders wichtig. Jude blieb Jude, dafür sorgten schon die nichtjüdischen Deutschen – eine Erfahrung, die sich abermals in witzige Kontraste überführen ließ. Wobei, um die Schraube noch weiter zu drehen, die assimilierten Juden als gute Deutsche eben auch das Klischee »Jude bleibt Jude« übernahmen und in vielen Witzen positiv wendeten. »Die Juden, welche diese Witze schaffen, und die, welche sie wiedererzählen«, befindet Theodor Reik, »schämen sich offenbar keineswegs der Mängel und Schwächen, die darin gekennzeichnet und verspottet werden.« Und Martin Grotjahn pointiert, solche Witze formulierten »ein trotziges Gelöbnis: So sind wir, und so bleiben wir, solange wir Juden sind.« Was vorgeblich an Masochismus grenzt, ist also zugleich Beweis von Stärke.

Sich selbst in Frage zu stellen, das hat noch eine andere Wurzel: Es ist jahrtausendealte Tradition und gehört zum Judentum notwendig dazu, weil ein Jude sein ganzes Tun an den harten Forderungen Gottes messen muss. Rücksichtslose Selbstkritik geht bis auf die alttestamentarische Zeit zurück, als Moses und die Propheten dem Volk die Leviten lasen, und jeder osteuropäische Jude lernte durch das von klein auf betriebene Studium von Bibel, Talmud und rabbinischem Schrifttum, sein Denken und Handeln ständig zu überprüfen. Diese – manchmal bis zu scheinbarem Selbsthass gesteigerte – Selbstkritik ist durch Aufklärung, Emanzipation und Assimilation in den Witz eingeflossen und dort zur Selbstironie verfeinert worden.

Witze, in denen Juden sich über sich selbst lustig machen, sind ein gefundenes Fressen für Antisemiten. Tatsächlich ist es ein Leichtes, jüdische Witze zu Judenwitzen zu pervertieren. (Ein Beispiel liefert Hans Reimann mit seinem 1944 erschienenen Aufsatz »Jüdischer Witz unter der Lupe« – wobei zu bedenken ist, ob der sonst keineswegs judenfeindliche Reimann vielleicht die Nerven verloren hatte, als er ins Visier der Gestapo geriet, und diesen niederträchtigen Artikel schrieb, der in dem Resümee gipfelt: »Diese Ware, von der sie ein reich sortiertes Lager besitzen, wird sie zugrunde richten. Denn wer seinen Witz dazu mißbraucht, nichts ernst zu nehmen und alles zu verneinen, schaufelt sein eigenes Grab.«)

Ein jüdischer Witz, der im Druckbild neutral wirkt, kann im Mund eines Antisemiten gehässig klingen und zum Judenwitz werden, ohne dass ein einziges Wort verändert wäre: Gerade beim jüdischen Witz macht der Ton die Musik. Das gilt auch angesichts der Klischees und Stereotypien, die zu den jüdischen Witzen gehören (nebenbei gesagt, Klischees und Stereotypien gehören notwendig zu allen Witzen und gehorchen oft eher den Gattungsgesetzen zweckmäßigen Erzählens als den Verhältnissen der Wirklichkeit). Breiten Raum nimmt etwa der Geschäftssinn der Juden ein. Zwar hat der jüdische Sinn für Geld und Handel eine spezielle historische Wurzel, aber das Bild, das die Witze zeichnen, ist eine groteske Karikatur, zudem einseitig (christliche Kaufleute waren genauso geschäftstüchtig) und altmodisch (die jüdische Berufswelt war längst vielseitiger). Man muss das gar nicht negativ sehen, im Gegenteil: Zum einen sind Witze eben keine dokumentarische Literatur, die die Realität 1:1 abbilden soll, sondern kleine Erzählungen, deren oberstes Gebot Lachen heißt, nicht Information; und zum anderen – kann man am Ende doch etwas lernen, zum Beispiel wie Geld unsere Welt regiert und den eigenen Kopf dazu. Dass das vergnügliche Stereotyp des klugen und schlauen, pfiffigen und gerissenen Juden zu solcher Einsicht verhilft, gereicht dem Klischee zur Ehre.

Nur mehr um ein historisches Klischee handelt es sich auch beim »Jüdeln« oder »Mauscheln«. Tatsächlich wurden viele jüdische Witze ursprünglich auf Jiddisch erzählt, der Umgangssprache der osteuropäischen Juden, dann, in Deutschland und Österreich, in einem deutsch-jiddischen oder deutsch-mundartlich gefärbtem Jargon, einer Art deutschjüdischem Dialekt also. Diese Sprechweise gibt es nicht mehr und wirkt heute nur nostalgisch. Deshalb müssen jüdische Witze heute, so weit möglich, auf Hochdeutsch erzählt werden. (Ohnehin sind deutsche Witze, als deren Lebenselixier einst die Mundartfärbung galt, heute fast nur mehr in der Hochsprache üblich – selbst Tünnes und Schäl sprechen inzwischen durchweg hochdeutsch.) Zudem stammen nicht wenige Witze oder doch die modernen Varianten älterer Witze aus den USA; es wäre irreführend, sie auch sprachlich in ein deutschjüdisches Milieu von gestern zu übersetzen.

Überhaupt die USA: Es scheint, als hätten die Juden der Vereinigten Staaten das legitime Erbe des deutschjüdischen Witzes angetreten. Zwar sind, weil die Talmudschulung nicht mehr obligatorisch ist und sich Orthodoxie und Reformjudentum, Juden- und Christenheit weniger hart stoßen als im alten Europa, die US-jüdischen Witze mitunter flacher, simpler, stumpfer. Aber genügend Zündstoff, an dem sich der Witz entflammt, gibt es auch in der Neuen Welt, sei es die Kluft zwischen den arrivierten Juden und den armen, aus der ehemaligen Sowjetunion eingewanderten Glaubensgenossen oder die Spannungen mit anderen Minderheiten. In gewisser Weise lebt sogar die weiter oben beschriebene alte deutschjüdische Witzkultur auf amerikanischem Boden weiter, wie William Novak und Moshe Waldoks schreiben: »Der jüdische Humor ersetzt in gewisser Weise die alten heiligen Texte als gemeinsame Berührungspunkte der jüdischen Gemeinde. Nicht alle Juden lesen und verstehen den Talmud, doch sogar die angepaßtesten haben eine Vorliebe für jüdische Witze.« (Diese Vorliebe für jüdische Witze und jüdischen Witz schlechthin teilen sie offenbar mit anderen Amerikanern, denn ein Großteil der Komikautoren in den USA entstammt traditionell dem Judentum. Geradezu sprichwörtlich geworden ist der Zweizeiler: »Are you serious?« – »No, Jewish.«)

Eine Heimstatt fanden jüdische Witze natürlich auch in Palästina bzw. Israel. Zumindest die Witze der frühen Einwanderungszeit und in den jungen Jahren des Staates Israel scheinen noch von den europäischen Flüchtlingen und Immigranten mitgebracht oder formuliert worden zu sein. Die neueren israelischen Witze unterscheiden sich jedoch nicht mehr wesentlich von denen anderer Länder und Völker, wofür es vier Gründe geben mag: Erstens sind die Juden dort keine Minderheit. Zweitens fehlt auch im modernen Israel vielen Juden der Talmudschliff. Drittens machen jüdische Einwanderer in Israel nicht dieselbe Urerfahrung wie der Glaubensgenosse im fremdartigen Nordamerika, »der in eine meschuggene Welt kam, nämlich die Neue« (Gert Raeithel). Und viertens haben im modernen Israel die traditionellen Witzfiguren keinen Platz oder stehen jedenfalls nicht mehr im Mittelpunkt der Aufmerksamkeit: der Händler, Kaufmann oder Bankier, der Chassid, der Rabbi, der Goj.

In der Alten Welt sind die ostjüdischen und deutschjüdischen Quellen dieses Witzes versiegt. Überlebt hat er dennoch: in Deutschland, auch in Polen. Einige Witze genießen inzwischen klassischen Status, andere haben in verwandelter Form, in nichtjüdischem Gewand, ihren Platz behauptet. Manche mögen Patina angesetzt haben (was freilich den Kenner nicht stört, im Gegenteil), doch die meisten haben ihren frischen Glanz bewahrt: Gute Witze mögen altern, doch sie bleiben gut.

Ahasvers Spur

Dichtungen und Dokumente vom
»Ewigen Juden«

Herausgegeben und mit einem Nachwort
versehen von Mona Körte und Robert
Stockhammer. Übersetzungen aus dem Englischen von Birgit E. Kretzer, Mona Körte
und Robert Stockhammer
253 Seiten. Mit dem Faksimile der Erstaus-
gabe der Legende vom »Ewigen Juden«
RBL 1538. € 11,10. ISBN 3-379-01538-5

Als Jesus das Kreuz nach Golgatha trug, wollte er vor dem Haus
des jüdischen Schusters Ahasver ausruhen. Dieser vertrieb ihn mit
Schimpfworten, und Jesus entgegnete: »Ich wil stehen und ruhen /
du aber solt gehen.« – Seither durchwandert Ahasver, der »Ewige Jude«,
die Welt. Dies berichtet das sogenannte Volksbuch (1602).

»Die Sammlung ist ein Dokument der ›Lebzähigkeit‹ (Karl Gutzkow)
eines literarischen Motivs. Der ›Ewige Jude‹ taucht auf bei Johann
Jacob Schudt, schaut bei Goethe herein, unterhält sich im Hauffschen
Berlin mit dem Satan, inspiriert Wordsworth und Shelley, Chamisso
und Börne.«
Frankfurter Allgemeine Zeitung

RECLAM
LEIPZIG